ゼロから話せる中国語

会話中心

市瀬智紀／程 艶春 著

三修社

CD トラック対応表

CD	ページ		CD	ページ	
1	2	覚えるフレーズ	27	70	会話13　いろいろな表現
2	6	中国のなぞなぞ1	28	74	会話14　いろいろな表現
3	7	〈数の数え方〉	29	78	会話15　いろいろな表現
4	8	〈個数の数え方〉	30	81	中国のなぞなぞ9
		〈数え方のいろいろ〉	31	82	会話16　いろいろな表現
5	9	中国のなぞなぞ2	32	86	会話17　いろいろな表現
6	10	〈所要時間のいい方1〉	33	89	中国のなぞなぞ10
7	11	〈曜日のいい方〉	34	90	会話18　いろいろな表現
		〈所要時間のいい方2〉	35	94	会話19　いろいろな表現
8	12	〈今日・今週・今月〉	36	98	会話20　いろいろな表現
9	22	会話1　いろいろな表現	37	102	**文法（発音編）** 1.声調
10	25	中国のなぞなぞ3	38	102	2.軽声
11	26	会話2　いろいろな表現	39	102	3.変調
12	30	会話3　いろいろな表現	40	103	4.単母音
13	34	会話4　いろいろな表現	41	104	5.複母音
14	38	会話5　いろいろな表現	42	105	6.子音
15	41	中国のなぞなぞ4	43	109	8.巻き舌音
16	42	会話6　いろいろな表現	44	129	**ヴィジュアル単語** 1.職業
17	46	会話7　いろいろな表現	45	130	2.日用品
18	49	中国のなぞなぞ5	46	131	3.町
19	50	会話8　いろいろな表現	47	132	4.ホテル
20	54	会話9　いろいろな表現	48	133	5.レストラン
21	58	会話10　いろいろな表現	49	134	6.部屋
22	61	中国のなぞなぞ6	50	135	7.ファッション
23	62	会話11　いろいろな表現	51	136	8.家庭
24	65	中国のなぞなぞ7	52	137	9.身体
25	66	会話12　いろいろな表現	53	138	10.乗り物
26	69	中国のなぞなぞ8			

まえがき

　光輝く高層ビル群，携帯電話を片手にベンツに乗りこむビジネスマン。巨大デパートにあふれる商品，あでやかな流行のファッションに身を包んだ女性たち。
　今，新しいイメージの中国が，あざやかにわたしたちの目の前に展開し，人民服姿の古いイメージの中国が，急速に過去のものとなりつつあります。
　本書は，読者のみなさんが，中国の人々と身近にコミュニケーションし，中国社会に溶けこむことができるようにとの願いをこめてつくりました。
　本書は従来のもののように，旅行者として中国大陸を通過していくためのものではありません。中国語で，中国の人々と主張しあったり，意見をきいたり，笑いあったり，励ましあったりするための，基本的なコミュニケーションストラテジーを身につけることをそのねらいとしています。
　したがって中国語をまったく初めて学ぶという人が，本書を始めから利用するのもよいし，一度文法的な教科書で学んだ人が，これを会話のテキストとして利用するのもよいと思います。
　さてアジア地域での経済活動の拡大とともに，中国語はますます身近なものとなりつつあります。中国語は，香港・シンガポール・台湾を含んだ華人社会の共通言語として，そして世界の５分の１の人口比率を有する人々の共通言語として，確固たる地位を築こうとしています。また世界の中でもアメリカやヨーロッパ，韓国などで，中国語学習のブームが起きているとききます。
　わたしたちもコミュニケーションのための中国語を身につけ，加速度的に変革をとげる中国に対して，あらたな方法でアプローチを試みてみたいものです。

著　者

● 音声ダウンロード・ストリーミング

本書の付属 CD と同内容の音声がダウンロードならびにストリーミング再生でご利用いただけます。PC・スマートフォンで本書の音声ページにアクセスしてください。
https://www.sanshusha.co.jp/np/onsei/isbn/9784384007190/

目　次

本書の使い方

Ⅰ　覚えるフレーズ ——— 1

こんにちは！	你好！	2
さようなら！	再见！	
ねえ，～さん！	欸，小姐！	3
ありがとう！	谢谢！	
ごめんなさい。	对不起。	4
わたしは林いさむです。	我是林勇。	
あなたは中国人ですか？	你是中国人吗？	5
はい。いいえ。	是。不是。	
ビールはありますか？	有啤酒吗？	6
これいくらですか？	这个多少钱？	7

　　〈数の数え方〉

ひとつください。　　　　　　我要一个。——— 8

　　〈個数の数え方〉
　　〈数え方のいろいろ（量詞）〉

高いですねえ。　　　　　　　太贵了。——— 9

　　〈ねだんをあらわすことば〉

今12時34分です。　　　　　現在12点34分。——— 10
どのくらい時間がかかりますか？　要多少时间？

　　〈所要時間のいい方①〉

今日は10月1日です。　　　今天10月1号。——— 11

　　〈曜日のいい方〉
　　〈所要時間のいい方②〉

いつですか？　　　　　　　什么时候？——— 12

　　〈今日・今週・今月〉

駅はどこですか？	火车站在哪儿？	13
きっぷの予約をしたいのです。	我想订票。	
ちょっとみせてください。	请给我看一下。	14
わかりません。	我不明白。	

中国語とは ——————15

Ⅱ ダイアローグで学んでみよう ────── 21

会話1 いっしょに食べに行こうよ！　◆さそう・さそわれる ────── 22
咱们一起去吃吧！

会話2 どうやって使うの？　◆やり方をきく ────── 26
这个怎么用？

会話3 お誕生日おめでとう！　◆祝う ────── 30
祝你生日快乐！

会話4 なおしてもらえませんか？　◆頼む・頼まれる ────── 34
能不能修理一下？

会話5 すばらしいわざだね！　◆ほめる・ほめられる ────── 38
你的手艺真不错！

会話6 王社長をお願いします。　◆電話をかける・うける ────── 42
我找王经理。

会話7 先に帰ってもいいですか？　◆許可をもらう・許可する ────── 46
我可以先走吗？

会話8 わたしとってもうれしいの！　◆感情をあらわす ────── 50
我非常高兴！

会話9	ちょっと気分がわるいんです。 ◆病気について話す	54
	我有点儿不舒服。	

会話10	ここはわたしに払わせて！ ◆申しでる・うける	58
	这次让我付钱吧！	

会話11	車を買うつもりなんだ。 ◆意思をあらわす	62
	我打算买汽车。	

会話12	エステに行ったほうがいいよ。 ◆アドバイスする	66
	你最好去减肥中心。	

会話13	どんな人ですか？ ◆性格について話す	70
	她是什么样的人？	

会話14	がっかりしないでね。 ◆なぐさめる	74
	别灰心。别泄气。	

会話15	意見をきかせてください。 ◆意見をきく・のべる	78
	能不能谈一谈你的意见？	

会話16	忙しそうだね！ ◆推そくする	82
	你好象很忙啊！	

会話17	せっかく買ったのに。 ◆文句をいう	86
	我好不容易买的。	

会話18	「春聯」ってなんのこと？ ◆きき返す	90
	什么叫"春联"？	

会話19	熱烈に歓迎いたします！ ◆スピーチする①	94
	表示热烈的欢迎！	

会話20	友情に乾杯しましょう！ ◆スピーチする②	98
	为我们的友谊干杯！	

文法（発音編） ——————102

1. 声調　2. 軽声　3. 変調　4. 単母音　5. 複母音
6. 子音　7. 拼音表記の注意　8. 巻き舌音
☞本書の発音表記について

文法（文法編） ——————111

1. 人称代名詞　2. "是"と"有"　3. 一般動詞　4. 疑問文
5. 形容詞文　6. "的"の用法　7. 疑問詞　8. 量詞
9. 語気助詞　10. 指示詞　11. 節の構造　12. 副詞
13. "在"と"有"　14. 介詞　15. 方位詞　16. 助動詞
17. "了"の用法　18. "过"の用法　19. "着"の用法
20. "得"の用法　21. 使役　22. 受け身　23. 比較
24. 動詞の重ね型　25. 形容詞の重ね型　26. 結果補語
27. 方向補語　28. 可能補語　29. 副詞・接続詞による連結

ヴィジュアル単語 ——————129

単語リスト ——————139

本書の使い方

　本書は「覚えるフレーズ」「ダイアローグ」「文法」「ヴィジュアル単語」などから構成されています。読者のみなさんの興味と関心にあわせて，どこから学習してもよいと思います。

　初めて中国語に触れる人は，まず文法の発音編から始め，覚えるフレーズ，ダイアローグと進むのがよいでしょう。中国語の構造がわからなくなったら，文法編を参照することにしましょう。中国語の基本は知っているという人は，ダイアローグから始め，その中から自分にとって不足していると思われるストラテジー（戦略）を選び，アットランダムに学習していきましょう。

1．覚えるフレーズ

これだけは押さえておきたい20の必須表現を集めました。これはまた中国語の骨格となる表現です。しっかりマスターするとともに，ヴィジュアル単語を参照しながら語彙力・応用力をつけましょう。

2．ダイアローグ（"会話"）

つぎの20のコミュニケーションストラテジーから構成されています。難易度はそう変わらないので，実際どこから学習し始めてもかまいません。

1．さそう・さそわれる	2．やり方をきく	3．祝う
4．頼む・頼まれる	5．ほめる・ほめられる	6．電話をかける・うける
7．許可をもらう・許可する	8．感情をあらわす	9．病気について話す
10．申しでる・うける	11．意思をあらわす	12．アドバイスする
13．性格について話す	14．なぐさめる	15．意見をきく・のべる
16．推そくする	17．文句をいう	18．きき返す
19．スピーチする①	20．スピーチする②	

ダイアローグ部分は，「会話本文」「解説」「いろいろな表現」「まとめ」の4つのパートで構成されています。「いろいろな表現」は，基本的なストラテジーのいろいろなバリエーションです。「まとめ」では，最低限覚えてほしい内容がチャート式に示してありますので，学習の終わりにここで頭の整理をしましょう。

3．文法

発音編では，中国語の発音の基礎が説明してあります。また文法編では，ダイアローグに関連する内容の文法がコンパクトにまとめてあります。わからなくなった時点で，そのつどこの文法の項目を開くようにしましょう。

4．ヴィジュアル単語

中国語の基本単語が絵入りで掲載されています。視覚的に理解するとともに，これをマスターして中国語の語彙力をつけてください。

　本書の主人公はつぎの2人です。"请多多指教（qǐng duōduō zhǐjiào チン ドゥオ ドゥオ ジイジャオ）"どうぞよろしくお願いします。

| 林勇（はやし・いさむ）：父は日本人で母は中国人。 |
| 　　　　　　　　　　　　日本生まれ，中国語ペラペラ。 |
| 张丽（ちょう・れい）　：ちゃきちゃきの北京っ子。 |
| 　　　　　　　　　　　　中国のことならまかせてね。 |

　さて中国語は，頭の中でいくら文法構造を理解していても，コミュニケーションできるようになるものではありません。コミュニケーションをするためには，何度もきき，自然な中国語のフレーズをそっくりそのまま覚えてしまうことが大切です。逆説的になりますが，テキストを捨て，ウォークマンに中国語のCDやテープを入れて，町に出ましょう。コミュニケーションとは「本と向きあう」ことではなく，「人と向きあう」ことです。中国語を話す友人をつくり，積極的に中国語を話してみることをお勧めします。

I

覚えるフレーズ

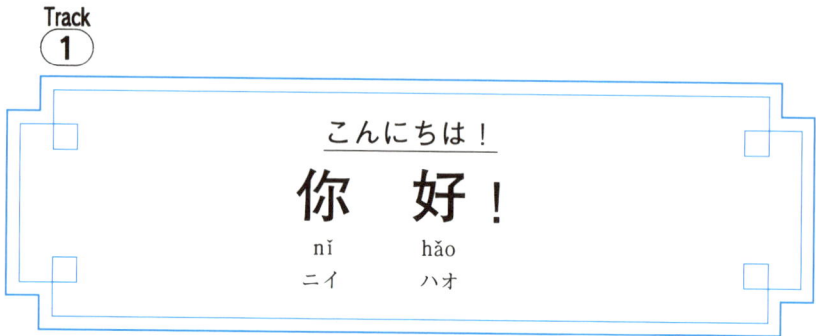

あいさつは，朝から晩まで"你好（nǐ hǎo ニイ ハオ）"ひとつでだいじょうぶです。

たくさんの人にあいさつする場合は，"你们好（nǐmen hǎo ニイメン ハオ）！"（みなさんこんにちは！）といいましょう。

これもおなじみ「ザイジェン」。またこんどいつ会うのかわかっているときには，

"明天见（míngtiān jiàn ミンテェン ジェン）！"（またあした！）

"一会儿见（yìhuǐr jiàn イーホアル ジェン）！"（また後で！）

といったわかれのあいさつがあります。

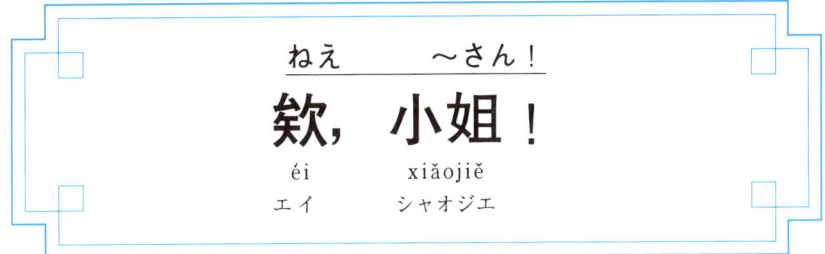

若い娘さんによびかけるときは"小姐（xiǎojiě シャオジエ）"ですが、男性に呼びかけるときは"先生（xiānsheng シェンション）"といいましょう。名前（姓）がわかっているときは、たとえば"张小姐（zhāng xiǎojiě ジャン シャオジエ）"。よい友だちなら"小张（xiǎozhāng シャオジャン）"と"小（xiǎo シャオ）"をつけてよびましょう。このほか、職名でよびかけることも、よくあります。

"师傅（shīfu シイフゥ）！"（運転手さん・コックさん！）

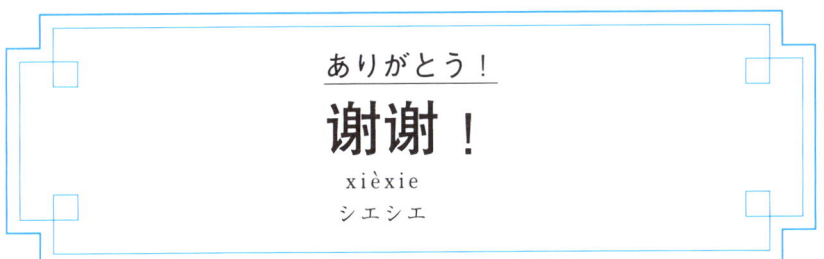

お礼をいうときは"谢谢（xièxie シエシエ）"。後につづけて、"谢谢，张小姐（xièxie zhāng xiǎojiě シエシエ ジャン シャオジエ）！"とか"谢谢你（xièxie nǐ シエシエ ニイ）！"ということができます。

"不谢（búxiè ブゥシエ）。"は"谢谢"のうけことばで「どういたしまして」の意味です。

あやまるときは"对不起（duìbuqǐ ディブチィ）"です。"对不起"といわれたら"没关系（méi guānxi メイ グアンシィ）。"（だいじょうぶです）とこたえます。

また人に声をかけて「すみません，ちょっとおたずねします」といいたいときは"对不起，请问（duìbuqǐ qǐng wèn ディブチィ チン ウエン）。"といいます。

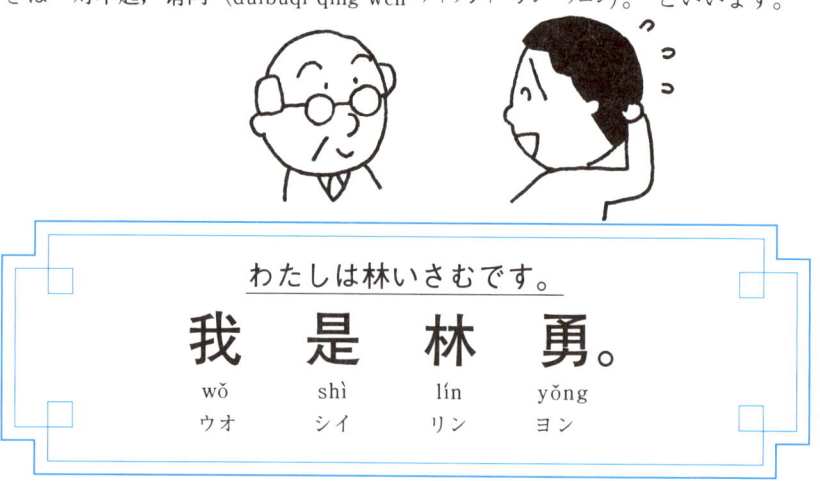

"你好！我是林勇。"簡単な自己紹介のはじまりです。

「わたし」は"我（wǒ ウオ）"。このほか「あなた」は"你（nǐ ニィ）"，「彼・彼女」は"他・她（tā タァ）"といいます。これで他の人の紹介もできますね。

"她是张丽（tā shì zhāng lì タァ シィ ジャン リィ）。"（この人は張麗さんです）

つぎに自分の身分について話してみましょう。

"我是学生（wǒ shì xuésheng ウオ シィ シュエション）。"（わたしは学生です）

> あなたは中国人ですか？（でしょう。）
>
> 你 是 中国人 吗?（吧。）
> nǐ shì zhōngguórén ma ba
> ニイ シイ チョングオレン マ バ

　"吗（ma マ）"は「～ですか？」。上がり調子のイントネーションで質問します。

　"吧（ba バ）"は「～でしょう・～ですね」を意味します。

　"你是日本人吧（nǐ shì rìběnrén ba ニイ シイ リーベンレン バ）？"（あなたは日本人でしょ？）これはよく耳にする質問のひとつです。

> はい。・いいえ。
>
> 是。・不是。
> shì búshì
> シイ ブウシイ

　"不是（búshì ブウシイ）"は「～ではありません」と否定したいときに，つぎのように使うことができます。"我不是中国人（wǒ búshì zhōngguórén ウオ ブウシイ チョングオレン）。"（わたしは中国人ではありません）

　つぎのこたえ方も，とても大切です。

　"对（duì ドゥイ）。"（そうです）

　"不对（búduì ブウドゥイ）。"（ちがいます）

ビールはありますか？

有　啤酒　吗？
yǒu　　píjiǔ　　ma
ヨウ　　ピイジュウ　　マ

"有～吗（yǒu～ma ヨウ～マ）？"（～ありますか？）は，ものを注文するときの基本形。ヴィジュアル単語を参考に，いろいろなことばをいれてきいてみましょう！

"有票吗（yǒu piào ma ヨウ ピャオ マ）？"　　（きっぷはありますか？）
"有地图吗（yǒu dìtú ma ヨウ デイトウ マ）？"　（地図はありますか？）
"有空房间吗（yǒu kòng fángjiān ma ヨウ コン ファンジェン マ）？"
　　　　　　　　　　　　　　　　　　　（部屋はありますか？）

さて"有～吗？"できかれたときのこたえ方はつぎのとおり。
"有（yǒu ヨウ）。"　　　　（あります）
"没有（méiyǒu メイヨウ）。"（ありません）

またつぎのような形で質問することもできます。
"有没有啤酒（yǒumeiyǒu píjiǔ ヨウメイヨウ ピイジュウ）？"（ビールありますか？）
"有没有饺子（yǒumeiyǒu jiǎozi ヨウメイヨウ ジャオズ）？"（餃子ある？）
つまり"有～吗？"と"有没有～？"はどちらも質問の形なのです。

"有～吗？"のまえに"你"をおいてもだいじょうぶ。
"你有弟弟吗（nǐ yǒu dìdi ma ニイ ヨウ デイデイ マ）？"（あなた弟さんいるの？）
"你有没有弟弟（nǐ yǒumeiyǒu dìdi ニイ ヨウメイヨウ デイデイ）？"（同上）

Track 2　中国のなぞなぞ①　ナーンだ？
黑黑一间房，没亮也没光，打开窗子看，把你关进房。
（暗い部屋に光がない，窓を開けてみるとあなたは部屋に閉じこめられてしまう。ヒント；旅行のときに使います。）　　⇨なぞなぞ②（p. 9）へ

6 ◆ liù

これいくらですか？
这个　多少　钱？
zhèige　duōshao　qián
チェイガ　ドゥオシャオ　チェン

　ものの値段をきくいい方。近くのものを指して"这个（zhèige チェイガ）"。遠くのものは"那个多少钱（nèige duōshao qián ネイガ ドゥオシャオ チェン）？"（それいくら？）といいましょう。

〈数の数え方〉

一（yī イー）　二（èr アル）　三（sān サン）　四（sì スウ）　五（wǔ ウー）
六（liù リュウ）　七（qī チー）　八（bā バー）　九（jiǔ ジュウ）　十（shí シイ）
十一（shíyī シイイー）　十二（shí'èr シイアル）　十三（shísān シイサン）　十四（shísì シイスウ）　十五（shíwǔ シイウー）
二十（èrshí アルシイ）　三十（sānshí サンシイ）　四十（sìshí スウシイ）　…　九十九（jiǔshíjiǔ ジュウシイジュウ）
一百（yìbǎi イーバイ）　二百（èrbǎi アルバイ）　一千（yìqiān イーチェン）　一万（yíwàn イーワン）　一亿（yíyì イーイー）

つぎのいい方に気をつけましょう！
"一百零一（yìbǎilíngyī イーバイリンイー）"　（101）
"一百一（yìbǎiyī イーバイイー）"　（110）
"一百一十（yìbǎiyīshí イーバイイーシイ）"　（110）
110をあらわすには"一百一"と"一百一十"の2つのいい方ができます。

Track ④

ひとつください。

我　要　一个。
wǒ　　yào　　yíge
ウオ　　ヤオ　　イーガ

"要（yào）"は「いる」という意味の基本動詞です。"要"を使ったいろいろないい方をマスターしてください。

"你要吗（nǐ yào ma ニイ ヤオ マ）？"　　（いりますか？）
"你要不要（nǐ yàobuyào ニイ ヤオブヤオ）？"（いりますかいりませんか？）
"要（yào ヤオ）。"　　　　　　　　　　（いります）
"不要（búyào ブヤオ）。"　　　　　　　（いりません）

〈個数の数え方〉

　一个　　　　两个　　　　三个　　　　四个
（yíge イーガ）（liǎngge リャンガ）（sānge サンガ）（sìge スウガ）
　（いっこ）　（にこ）　　（さんこ）　（よんこ）

「2個」は"两个（liǎngge リャンガ）"といいます。

〈数え方のいろいろ（量詞）〉

　一个　　　　一张　　　　一本　　　　一只
（yíge イーガ）（yìzhāng イージャン）（yìběn イーベン）（yìzhī イージイ）
　（ひとつ）　（いちまい）　（いっさつ）　（いっぴき）

つまり本を買いたいときは"我要一本（wǒ yào yìběn ウオ ヤオ イーベン）。"（1冊ください）といいます。

高いですねぇ。
太 贵 了。
tài guì le
タイ グイ ラ

おどろいたとき，また文句をいいたいときにも"太～了 (tài～le タイ～ラ)"が使えます。

"太便宜了 (tài piányi le タイ ピェンイー ラ)。"（安いですね）
"太热了 (tài rè le タイ ルゥ ラ)。"　　（熱すぎますよ）

"很 (hěn ヘン)"も「とっても～だ」をあらわすことばです。
"很贵 (hěn guì ヘン グイ)。"　　　　（とても高いです）
"很热 (hěn rè ヘン ルゥ)。"　　　　（とても熱いです）
"很好 (hěn hǎo ヘン ハオ)。"　　　　（とてもよいです）

〈ねだんをあらわすことば〉
中国では"块（元）""毛（角）""分"がお金の単位です。
"一百块 (kuài クァイ)。"（100元〈円〉）
"两毛 (máo マオ)。"　　（2角〈銭〉）
"三分 (fēn フェン)。"　　（3分）

 中国のなぞなぞ②　ナーンだ？
为你打我，为我打你，打破你的肚子，流出我的血。
(あなたのために私が打たれる。私のためにあなたが打たれる。
あなたのおなかをつぶすと，わたしの血が流れる。
ヒント；昆虫です。)　　⇨なぞなぞ③ (p.25) へ
（①のこたえ：カメラ）

jiǔ ◆ 9

Track

> 今12時34分です。
>
> 現在　　12点　　34分。
> xiànzài　shí'èrdiǎn　sānshisìfēn
> シンザイ　シイアルデェン　サンシィスウフェン

「～時…分」は "点（diǎn デェン）" と "分（fēn フェン）" であらわします。
"零点零五分（língdiǎn língwǔfēn リンデェン リンウーフェン）"　（0：05）
"两点整（liǎngdiǎn zhěng リャンデェン チョン）"　（2時ちょうど）
"三点三十分（sāndiǎn sānshífēn サンデェン サンシイフェン）"　（3：30）
"三点半（sāndiǎn bàn サンデェン バン）。"　（3時半）
"几点几分（jǐdiǎn jǐfēn ジイデェン ジイフェン）？"　（何時何分？）

> どのくらい時間がかかりますか？
>
> 要　　多少　　时间？
> yào　duōshao　shíjiān
> ヤオ　ドゥオシャオ　シイジェン

"要多少时间？" は何でも所要時間をきくときに便利な表現。こたえは "要一个小时（yào yíge xiǎoshí ヤオ イーガ シャオシイ）。"（1時間かかります）など。

〈所要時間のいい方①〉

两个小时　　　　五个小时　　　　十分钟
（liǎngge xiǎoshí）（wǔge xiǎoshí）（shí fēn zhōng）
リャンガ シャオシイ　ウーガ シャオシイ　シイ フェン チョン
（2時間）　　　　（5時間）　　　　（10分間）

今日は10月1日です。

今天　10月　1号。
jīntiān　shíyuè　yīhào
ジンテェン　シイユエ　イーハオ

「～月…日」は"月（yuè ユエ）"と"号（hào ハオ）"でいいます。
"三月二十四号（sānyuè èrshísìhào サンユエ　アルシイスゥハオ）"（3月24日）
"几月几号（jǐyuè jǐhào ジイユエ　ジイハオ）？"（何月何日？）

〈曜日のいい方〉

星期一	星期二	星期三	星期四	星期五
(xīngqīyī)	(xīngqīèr)	(xīngqīsān)	(xīngqīsì)	(xīngqīwǔ)
シンチイー	シンチアル	シンチサン	シンチスゥ	シンチウー
（月曜日）	（火曜日）	（水曜日）	（木曜日）	（金曜日）

星期六	星期天	星期日
(xīngqīliù)	(xīngqītiān)	(xīngqīrì)
シンチリュウ	シンチテェン	シンチリイ
（土曜日）	（日曜日）	（日曜日）

〈所要時間のいい方②〉

一天	一个星期	一个月
(yìtiān)	(yíge xīngqī)	(yíge yuè)
イーテェン	イーガ　シンチー	イーガ　ユエ
（1日）	（1週間）	（1か月）

北京郊外　司馬台の長城

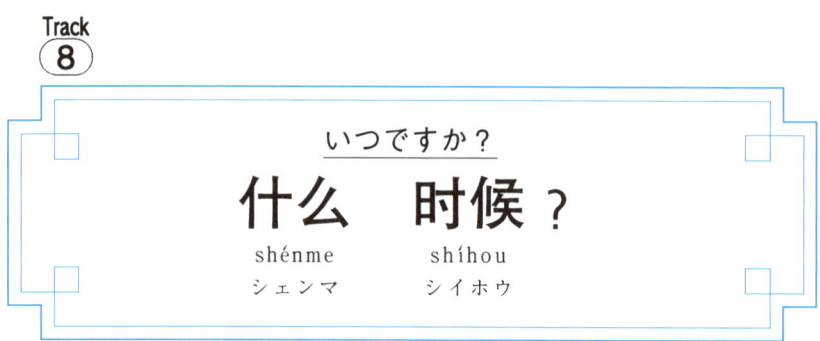

いつですか？

什么 时候？
shénme shíhou
シェンマ　シイホウ

約束の時間やものごとのおきたときをきくためのいい方が"什么时候 (shénme shíhou シェンマ　シイホウ) ？"。"什么 (shénme シェンマ)"は「何」の意味。時刻をきくときの"几点 (jǐdiǎn ジイデェン) ？"、日にちをきくときの"几号 (jǐhào ジイハオ) ？"とセットで覚えましょう。

〈今日・今週・今月〉

早上 (zǎoshang) ツァオシャン （朝）	上午 (shàngwǔ) シャンウー （午前）	中午 (zhōngwǔ) チョンウー （正午）	下午 (xiàwǔ) シャアウー （午後）	晚上 (wǎnshang) ワンシャン （晩）
昨天 (zuótiān) ツオティェン （昨日）	今天 (jīntiān) ジンティェン （今日）	明天 (míngtiān) ミンティェン （明日）	上个星期 (shànggexīngqī) シャンガシンチー （先週）	这个星期 (zhèigexīngqī) チェイガシンチー （今週）	下个星期 (xiàgexīngqī) シャアガシンチー （来週）
去年 (qùnián) チユネェン （去年）	今年 (jīnnián) ジンネェン （今年）	明年 (míngnián) ミンネェン （来年）	上个月 (shànggeyuè) シャンガユエ （先月）	这个月 (zhèigeyuè) チェイガユエ （今月）	下个月 (xiàgeyuè) シャアガユエ （来月）

駅はどこですか?

火车站　在　哪儿？
huǒchēzhàn　zài　nǎr
フォ**チャ**ジャン　ザイ　ナアル

"在哪儿 (zài nǎr ザイ ナアル)？"は，場所や地点をきく基本語です。こたえは，たとえば"火车站在这儿 (zhèr チャアル)。"(駅はここです)

"这儿 (zhèr チャアル)"(ここ)，"那儿 (nàr ナアル)"(そこ)のいい方も一緒にマスターしてください。

きっぷの予約をしたいのです。

我　想　订　票。
wǒ　xiǎng　dìng　piào
ウオ　シャン　ディン　ピャオ

"我想 (wǒ xiǎng ウオ シャン) ～"(～したいのです)は自分の意思をつたえるためのフレーズ。

"我想订房间 (wǒ xiǎng dìng fángjiān ウオ シャン ディン ファンジェン)。"
(部屋を予約したいのです)

"我要 (＋動詞) ～"も同じく「～したいのです」をあらわします。

"我要去厕所 (wǒ yào qù cèsuǒ ウオ ヤオ **チュ** ツァスオ)。"
(トイレに行きたいのですが)

ちょっと（わたしに）みせてください。
请 给 我 看 一下。
qǐng　gěi　wǒ　kàn　yíxià
チン　ゲイ　ウオ　カン　イーシャ

ていねいに頼むときに"请（qǐng チン）～"で表現します。また人に何かすすめるときにも"请～"が使えます。
"请（qǐng チン）。"　　　　　　　（どうぞ）
"请吃吧（qǐng chī ba チン チィ バ）！"（どうぞめしあがってください）
"给"は「～に」の意味で，授受の対象を示します。

わかりません。
我 不 明白。
wǒ　bù　míngbai
ウオ　ブウ　ミンバイ

ここではコミュニケーションを一時停止させるいくつかの表現を学びましょう。
"我不知道（wǒ bù zhīdào ウオ ブウ チイダオ）。"（知りません）
"我听不懂（wǒ tīngbudǒng ウオ ティンブウトン）。"（きいてもわかりません）

中国語とは

1. 中国語は中華世界の公用語！

◆「中国語って，北京語とか広東語とかいろいろあるんでしょ？」──みなさんもお気づきのように，広大な中国にはさまざまな民族と言語とが同居しています。その中でわたしたちが学ぼうとしているのは，上海語でも広東語でもなく，北京を中心とした地域で話されていて，全国的に標準語として認められた"普通话（pǔtōnghuà プートンファ）"とよばれる「中国語」なのです。

◆「その"普通话"を勉強すれば広東語もわかるようになるの？」──中国語は悠久の歴史の中で，時間的にも地域的にも，著しい変化をとげました。今日"普通话"と広東語との言語的な距離は，英語とドイツ語以上であるといわれています。また中国の55の少数民族は，独自の文字と中国語とは別系統の言語体系をもっているものも多く，"普通话"を勉強しさえすれば，自然にその土地の言葉がわかるというわけにはいきません。みなさんがたとえば上海の，チベットの，地元のコミュニティーにはいっていくためには，あらたにその土地の言語を勉強することが必要といえるでしょう。

◆「じゃあその"普通话"は北京でしか通じないの？」──そんなことはありません。"普通话"は中国のいかなる小学校でも教えられ，毎日テレビやラジオから流れている標準語なのです。なまりの強いことで知られる四川省の人もまた山東省の人も，たとえお互いの方言は知らなくても"普通话"を媒体に意思を疎通させることが可能です。"普通话"は日本の26倍もある広大な中国大陸の，言語の「パスポート」であるといえるでしょう。

◆そしてまた香港でも，97年の返還を機に"普通话"の地位は急上昇です。台湾で"国语（guóyǔ グオユー）"と呼ばれる標準語も，シンガポールで"华语（huáyǔ ファユー）"とよばれる中国語も，この"普通话"となんら変わりありません。したがってここで"普通话"を習得すれば，香港で，台湾で，シンガポールでとあなたの活躍の場が広がることになります。

◆「中国語"普通话"は中華社会の公用語」。英語を学べば，世界の多くの地

域でコミュニケーションできるように，中国語を学べば中華社会のどこでもコミュニケーションが可能となります。それは世界の人口の5分の1，そして21世紀に経済発展著しいと目されるアジア地域の有力な言語を手に入れることにもなるのです。（中国語"普通话"は，また国連の公用語としても認められています。）

2．中国語の発想とは何だろう

◆「中日友好は"子子孙孙（zǐzǐsūnsūn ズゥズスンスン）"，となりのおねえさんは"天真烂漫（tiānzhēnlànmàn テンチェンランマン）"なんだ中国語って意味も発音も日本語に似てるじゃないか！」——とかくわたしたちは，中国語を日本語にひき寄せて考えがちです。なにしろ日本の漢字の「音読み」は，古代中国語の音をそのまま移しかえたものなのですから，日本「漢語」の意味と発音に，中国語との共通要素をみいだすことは簡単です。しかしたとえ古代に同一であったとしても，その後の歴史の中で，現代中国語は日本漢語と大きくかけ離れたものとなってきました。たとえば試みにつぎの現代中国語を日本語に訳してみてください。"a 爱人　b 麻雀　c 老婆　d 怪我　e 大家　f 迷惑"

◆漢字を知っているわたしたちは，これを勝手に「愛人が麻雀をし，老婆が怪我をして，大家が迷惑した」とでも推測してしまいそうですが，全く違います。このこたえは「a 妻・夫　b すずめ　c 女房　d わたしを責める　e みなさん　f まどう・まどわす」となります。このように日本人には漢語の知識があるせいで，かえって誤解をまねくことが多くありそうですね。中国語を学ぼうとしているわたしたちは，頭をきりかえてこれから全く新しい外国語にとりくむのだという姿勢を持たなければなりません。

◆「我　不　ㇾ得　ㇾ已　離二　燕京一。」（我やむを得ずして燕京を離る）——さてわたしたちは，中学校の漢文の授業で，ㇾ点や一・二点をつけてひっくり返して読む練習をしたことがあるかと思います。このことは実は日本語と中国語が別系統の言語で，語順が違っていることを示しています。総じていえば，この中国語の語順とは英語のそれにとてもよく似ているということができます。たとえば「愛しているよ」を意味する"我爱你（wǒ ài nǐ　ウオ　アイ　ニィ）！"も，「ぶつわよ」を意味する"我打你（wǒ dǎ nǐ　ウオ　ダア　ニィ）！"も，主語

＋動詞＋目的語の SVO のカタチをとります。このことは文末に動詞がきて，そこで意思決定や判断をくだす日本語とは大きく異なっています。

◆また中国語を初めて耳にするわたしたちが気がつくのは，「シエシエ」「カンカン」などの中国語の重ねた音です。たとえば「苦労する」だったら"辛辛苦苦 (xīnxinkǔkǔ　シンシンクゥクゥ)"，「いいですか？」だったら"好不好 (hǎobuhǎo ハオブゥハオ)？"。単語でも文の形でも「重ね型」や「反復型」がよく用いられています。反対に「星」のことを"星"，お姉さんを"姐"と単音節でいえば，中国語では何とも落ち着かない感じがするもので，"星星 (xīngxing　シンシン)" "姐姐 (jiějie　ジエジエ)"と副音節化することで，初めて中国語らしくなるのです。

◆「中国語に活用形はないの？」——中国語に格変化や動詞の活用はありません。中学時代に英語の活用で苦しめられた人も，中国語には安心してとりくめます。では中国語ではどうやって時制をあらわすのでしょうか。それはたとえば"我已经吃饭了"（もうごはんを食べました）"现在我吃饭"（いまごはんを食べます）"明天我去上海"（あした上海に行きます）など，前後におかれた時間をあらわす副詞や名詞によって，過去，現在，未来の区別を示しているのです。さてわたしたちは中国語をマスターするために，このような中国語的な発想に，徐々に頭をならしていくことにしましょう。

3．おもしろい中国語の漢字！

◆みなさんは次の漢字が何の漢字のことだか予想がつきますか？"几""从""丰"。そのこたえは「幾」「従」「豊」。ずいぶん元の字と変わっていますね。中国では文盲を一掃して，国の教育水準を高めるために，1956年から1964年までの間に従来の漢字を簡素化した"简体字 (jiǎntǐzì　ジェンティズゥ)"を制定しました。わたしたちが今日中国の新聞をみてもわからない漢字は，実際この時に制定されたものです。簡体字は，筆画の一部分を採用したもの（例：豊→丰），へんやつくりを省略したもの，古い字体にもどったもの（例：従→从），同音で置き換えたもの（例：幾→几）など，いくつかの方法によって作られています。これから中国語を学ぶわたしたちも，注意して簡体字を学びなおすことが必要になってきます。

◆ただし香港と台湾では，いまでも旧来の字体（これを「繁体字」という）を使っていますから，東アジアには，日本を含めていくつかの字体が並存することになりました。いま台湾と日本と中国で使われている漢字を並べてみれば，"對⇨対⇨对""應⇨応⇨应"というような相違がみられます。難しさからいえば，日本の漢字はその真ん中に位置しているといえましょうか。

ところで本家の中国では，「シブイ」という理由から，最近「簡体字」よりも難しい「繁体字」を，わざと看板や名刺に刷り込む場合も多くなっており，当局はその取り締まりに目を光らせています。

◆「QING WU JIANTA CAOPING!」（芝地に入らないでください）──中国では，標識や標語にアルファベットをふった表記をよく目にします。これは"拼音（pīnyīn ピンイン）"といわれるもので，漢字をどう発音するかを示しています。ちょうど日本語のふりがなに相当するものです。この"拼音"は簡体字と同様に，教育水準を高めるために1958年に制定されました。中国の小学校では，子供たちは漢字よりもさきにまず"拼音"を習得します。日本人のわたしたちも，外国語として中国語をとらえるには，中国の小学生と同じように，まずこの"拼音"の読み方を習得して，正しい中国語の発音を身につけることからスタートしたいものです。

4．美しい中国語の発音！

◆さて流れるように美しい中国語の発音に魅せられて，中国語のとりこになった人も多いのではないでしょうか。中国語には日本語にはない音の調子"声調（shēngdiào ションディァオ）"があります。これは第1声から第4声までの4種類にわかれているので"四声（sìshēng スゥション）"ともよばれます。"拼音"のうえについている「ˉ」「ˊ」「ˇ」「ˋ」の4つの記号は，この"四声"をあらわしたものです。"四声"はすべての音節についており，意味の区別に大きな役割を果たしています。

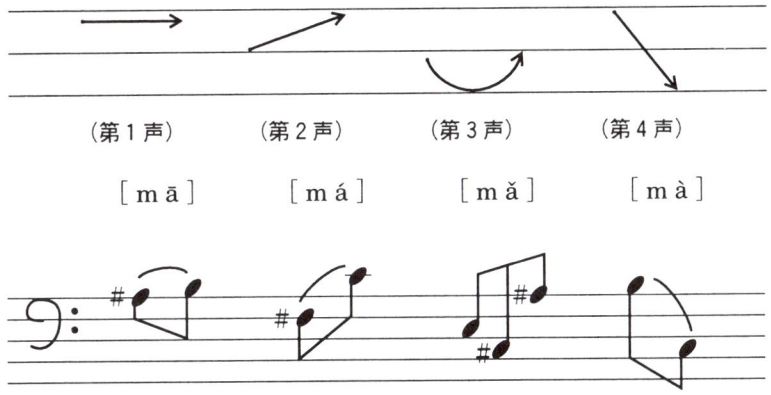

第1声：高くて平らなのびる音。「あーん」してごらんの「あー」。
第2声：一気にひっぱりあげる音。「ええっ」と驚いたときの調子。
第3声：低くおさえて普通の高さにもどる。「へぇー」と感心した調子。
第4声：高いところから急降下させる。「やぁ」とあいさつする調子。

◆つぎに中国語の母音について考えてみましょう。日本語の母音は［ア］［イ］［ウ］［エ］［オ］の5つ。中国語は［a］［o］［e］［i］［u］［ü］の6つ。表記のうえからすればよく似ていますが、その発音は違っています。中国語の母音は、口をだしたりひいたりしてよく筋肉を使って発音します。

| ［ a ］：口を大きくあけ、［ア］より明るくはっきりと発音する。
| ［ o ］：口を丸く少しつきだして［オ］と発音する。
| ［ e ］：口を左右にひらいて、［エ］と［オ］を同時に発音する。
| ［ i ］：口を左右に思いきりひいて、シャープに［イ］を発音する。
| ［ u ］：口を丸くつきだして［ウ］と発音する。
| ［ ü ］：まずおちょぼ口にして、そして［イ］と発音する。

◆また中国語の子音のいくつかは、日本語にない口の動かし方が要求されます。たとえば中国語で"皮"［pí］というときは、くちびるを破裂させ、もし口の前に手をあてたなら息の吹き出しが感じられます。反対に"鼻"［bí］というときは、口の前に手をあてても、息が吹き出しているのが感じられません。こ

のように中国語では発音するときに，息を送りだすか送りださないのかが，意味を区別するうえで重要になります。前者を「有気音」，後者を「無気音」といい，その組み合わせが6とおりあります。

| 「無気音」息を送らない音 | [b] | [d] | [g] | [j] | [zh] | [z] |
| 「有気音」息を送る音 | [p] | [t] | [k] | [q] | [ch] | [c] |

◆もう1つ中国語には「そり舌音」とよばれる特徴的な音があります。これは舌先とそのうえの歯ぐきの少しうしろ部分を使って発音するものです。中国語では"书"[shū シュー]も"茶"[chá チャー]も"人"[rén レン]も，舌を部分的につけたり，離したり，こすったりしてだしている音です。「そり舌音」の子音には[zh][ch][sh][r]の合計4つがあります。

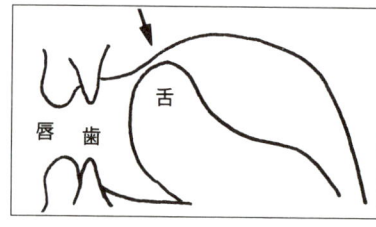

矢印➡の位置で
[zh]；破裂・無気
[ch]；破裂・有気
[sh]；摩擦
[r]；摩擦・声帯振動

◆中国語は日本語にない音があるということで，とまどった方も多かったかもしれません。しかし中国語の発音は決して難しくありません。つぼをおさえた発音が美しい中国語をうみだします。そのポイントはこれまで紹介した「四声」「母音」「有気音・無気音」「そり舌音」の4つにあります。読者のみなさんがこれらの発音を完璧にマスターし，美しい中国語の話し手となることを期待しています。

〈中国語の子音22〉

唇音	舌尖音	舌根音
[b] [p] [m] [f]	[d] [t] [n] [l]	[g] [k] [ng] [h]
舌面音	そり舌音	舌歯音
[j] [q] [x]	[zh] [ch] [sh] [r]	[z] [c] [s]

＊なお詳しい発音の解説は，文法の発音編（p.102〜）を参照してください。

II

ダイアローグで学んでみよう

会 话 1

いっしょに食べに行こうよ！

Track 9　咱们一起去吃吧！

小林　小张，　你　喜欢　吃　中国菜　吗？
　　　xiǎozhāng　nǐ　xǐhuan　chī　zhōngguócài　ma
　　　シャオジャン　ニイ　シイファン　チイ　チョングオツァイ　マ

小张　喜欢　呀。
　　　xǐhuan　ya
　　　シイファン　ヤ

小林　咱们　一起　去　吃　吧！
　　　zánmen　yìqǐ　qù　chī　ba
　　　ツァンメン　イーチイ　チュ　チイ　バ

小张　那　太　好　了！　走　吧！
　　　nà　tài　hǎo　le　zǒu　ba
　　　ナア　タイ　ハオ　ラ　ツォウ　バ

林くん　ねぇ張さん，中華料理は好き？
張さん　好きよ。
林くん　いっしょに食べに行こうよ！
張さん　それはいいわね。行きましょう！

喜欢 シイファン	好き

"你喜欢～吗（nǐ xǐhuan ～ ma ニイ シイファン～マ）？"は，「～は好きですか？」ときくいい方。～の部分にいろいろなことばを入れて，きいてみましょう。"你喜欢吃日本菜（rìběncài リイベンツァイ）吗？"（日本料理はお好き？）などなど。"喜欢呀"は，そのこたえで「好きよ・好きだよ」の意味。

咱们 一起～吧！ ツァンメン イーチイ バ	いっしょに～しようよ！

これはだれかをさそうときの決まり文句。"咱们（zánmen ツァンメン）"も"我们（wǒmen ウォメン）"も「わたしたち」を意味する人称代名詞ですが，"咱们"のほうはきき手を含めた「わたしたち」なので，さそいかけるときはよく"咱们"を使います。"一起（yìqǐ イーチイ）"は「いっしょに」という意味。"咱们一起～吧！"のフォームで覚えましょう。要するに英語の"Let's～"なのです。

去 吃 チユ チイ	食べに行く

"去"（行く）と"吃"（食べる）という2つの動詞が，日本語とは反対の順番でならんでいます。"去（qù チユ）"は，息を出す[q]に母音の[ü]，"吃（chī チイ）"はそり舌音ですから，とくに気をつけて発音しましょう。

那 ナア	そりゃあ

"那（nà ナア）"（それは・それなら・それでは）は，つなぎのことば。話のはじめに置いて，いつでもどこでも使えます。

走 吧！ ツォウ バ	行きましょう！

友だちといっしょにでかけるときは，いつも"走吧！走吧！"。"吧（ba バ）"は軽く明るく発音しましょう。

èrshisān ◆ 23

A：	咱们 一起 包 饺子 吧！	Zánmen yìqǐ bāo jiǎozi ba!
	ツァンメン イーチイ バオ ジャオズ バ	ギョウザをいっしょに作りましょうよ！
B：	那 太 好 了！	Nà tài hǎo le!
	ナア タイ ハオ ラ	そりゃあいい！

＊「さそう」いい方の典型。中国北方では家庭訪問をすると，よくいっしょにギョウザを作ります。ギョウザを作ることは"包饺子"といいます。

A：	咱们 一起 去 跳舞 吧！	Zánmen yìqǐ qù tiàowǔ ba!
	ツァンメン イーチイ チュ テャオウー バ	いっしょに踊りに行きましょうよ！
B：	好 啊。	Hǎo a.
	ハオ ア	いいですよ。

＊「さそいのうけ方」としては"好啊"でもだいじょうぶです。

A：	咱们 一起 去 喝 酒 吧！	Zánmen yìqǐ qù hē jiǔ ba!
	ツァンメン イーチイ チュ ハァ ジュウ バ	飲みに行かないかい！
B：	真 对不起，我 有 事儿。	Zhēn duìbuqǐ, wǒ yǒu shìr.
	チェン ディブチイ ウオ ヨウ シャアル	本当にごめんなさい，用があるの。

＊ことわるときに，"我有事儿"（ちょっと用があるので）というのは，いずこの世界も同じです。

A：	咱们 一起 去 吃 饭 吧！	Zánmen yìqǐ qù chī fàn ba!
	ツァンメン イーチイ チュチイ ファン バ	ごはんを食べに行かない！
B：	对不起，我 有 事儿。下次 吧。	Duìbuqǐ, wǒ yǒu shìr. Xiàcì ba.
	ディブチイ ウオ ヨウ シャアル シャアツウ バ	ごめんなさい，用があって。またね。

＊ことわるときに，"下次吧"（またね～）といえば，もっとていねいです。

「いっしょに〜しようよ」(さそいのテクニック)

「会話1」のテーマは"咱们一起〜吧!"のカタチを使った「さそい方」です。さそいのうけ方,ことわり方を含めて,ここでまとめてみましょう。

你 喜欢 〜 吗?	你 有 时间 吗?	你 有 空儿 吗?
nǐ xǐhuan ma	nǐ yǒu shíjiān ma	nǐ yǒu kòngr ma
ニイ シイファン マ	ニイ ヨウ シイジェン マ	ニイ ヨウ コアルマ
〜は好きですか?	時間がありますか?	あいてますか?

⬇

咱们 一起 〜 吧!
zánmen yìqǐ ba
ツァンメンイーチイ バ
いっしょに〜しましょう!

⬇ YES ⬇ NO

那太好了!	走吧!	对不起。	我有事儿。
nà tài hǎo le	zǒu ba	duìbuqǐ	wǒ yǒu shìr
ナア タイ ハオ ラ	ツォウ バ	ディブチイ	ウオ ヨウ シャアル
そりゃいい	行きましょう	ごめんなさい	用があるんで

 **中国のなぞなぞ③ ナーンだ?**
不用似根棒,用时半个球,人在底下走,水在上边流。
(使わないと棒で,使うと半球。人はその下を歩き,水はその上を流れる。)
ヒント;雨の日) ⇨なぞなぞ④ (p.41) へ
(②のこたえ:蚊)

èrshiwǔ ◆ 25

会话 2

どうやって使うの？

这个怎么用？

小张　欸，小林，这个 卡拉OK 怎么 用？
　　　éi　xiǎolín　zhèige　kǎlāOK　zěnme　yòng
　　　エイ　シャオリン　チェイガ　カラオケ　ツェンマ　ヨン

小林　首先　按　这个，然后　按　那个。
　　　shǒuxiān　àn　zhèige　ránhòu　àn　nèige
　　　ショウシェン　アン　チェイガ　ランホウ　アン　ネェイガ

小张　是 这个 吗？
　　　shì　zhèige　ma
　　　シィ　チェイガ　マ

小林　对。
　　　duì
　　　ドゥイ

小张　啊，真　方便！
　　　a　zhēn　fāngbiàn
　　　ア　チェン　ファンビェン

張さん　ねえ林くん，この「カラオケ」どうやって使うの？
林くん　まず，これを押して，それからそれを押すんだよ。
張さん　これのこと？
林くん　そう。
張さん　わあ，本当に便利ね！

| 卡拉OK | カラオケ |
| カラオケ | |

中国の街中では，この"卡拉OK"の看板を必ず見かけることでしょう。日本語の「カラオケ」を中国語で表記するとこうなるのです。

| 这个 卡拉OK 怎么 用? | この「カラオケ」はどうやって使いますか? |
| チェイガ　　　　ツェンマ ヨン | |

この会話では，ものの使い方をたずねる方法として"这个～怎么用（zhèige ～ zěnme yòng）?"（この～はどう使いますか）という表現をマスターしましょう。～の部分にことばを入れて，たとえば"这个电脑（diànnǎo デェンナオ）怎么用?"（このコンピューターはどうやって使うの?）などといいます。

| 首先 按这个，然后按那个 | まずこれを押して，それからそれを押す |
| ショウシェンアンチェイガ　ランホウアンネェイガ | |

"首先（shǒuxiān）～，然后（ránhòu）…"は，「まず～して，それから…する」という意味で，ものの手順を説明するときのいい方。"按（àn）"はボタンやベルなどを「押す」という意味の動詞です。またこの"这个（zhèige）"は近くのものを指す「これ・この」意味，"那个（nèige）"は遠くのものを指す「それ・その」の意味です。

| 是 这个 吗? | これのこと? |
| シィ チェイガ マ | |

正確にいえば「（あなたのいっているのは）これですか?」の意味ですが，主語が省略されて"是（shì）"で始まっています。順序に注意しましょう。

| 啊，真 方便! | わぁ，本当に便利ね! |
| ア　　チェンファンビェン | |

"啊（a）"はおどろいたときにだす「あっ，わぁ」。"真方便"の"真（zhēn）"は「本当に」の意味で，24ページに"真对不起"というのがありましたね。

いろいろな表現

A: 这个 字 怎么 念？
　　チェイガ ズゥ ツェンマ ネェン
Zhèige zì zěnme niàn?
この字はどう読みますか？

B: 这个 字 念 "鑫"。
　　チェイガ ズゥ ネェン シン
Zhèige zì niàn "xīn".
この字（鑫）は「シン」と読みます。

＊読めない文字があったときのきき方。"念（niàn）"は「読む」という意味。

A: 这个 窗户 怎么 开？
　　チェイガ チュアンフゥ ツェンマ カイ
Zhèige chuānghu zěnme kāi?
この窓，どうやって開けるの？

B: 请 按 这儿。
　　チン アン チャアル
Qǐng àn zhèr.
ここを押してください。

A: 北京烤鸭 怎么 做？
　　ペイジンカオヤア ツェンマ ツオ
Běijīngkǎoyā zěnme zuò?
北京ダックはどうやって作るの？

B: 做法 很 难，我 也 不 知道。
　　ツオファ ヘン ナン ウオ イエ ブウ チイダオ
Zuòfǎ hěn nán, wǒ yě bù zhīdào.
むずかしいから，私にもわかんない。

＊宴会の席では，料理の作り方がよく話題にのぼります。"做（zuò）"は「作る」，"做法（zuòfǎ）"は「作り方」。

A: 这个 手续 怎么 办？
　　チェイガ ショウシュ ツェンマ バン
Zhèige shǒuxù zěnme bàn?
この手続きはどうやってしますか？

B: 首先 写 名字，然后 写 地址。
　　ショウシェン シエ ミンズ ランホウ シエ デイジイ
Shǒuxiān xiě míngzi, ránhòu xiě dìzhǐ.
まず名前を書いて，それから住所を。

＊会話文中の"首先～，然后…"を使った表現です。"名字"と"地址"は，諸手続きをするときの基本ワードです。

「どうやって～しますか」（やり方をきくには）

この「会話2」では"怎么"を使った情報のとり方について勉強しました。まず情報をとりたいものを指示し，そのあとに"怎么＋動詞"の形を続ければできあがり。

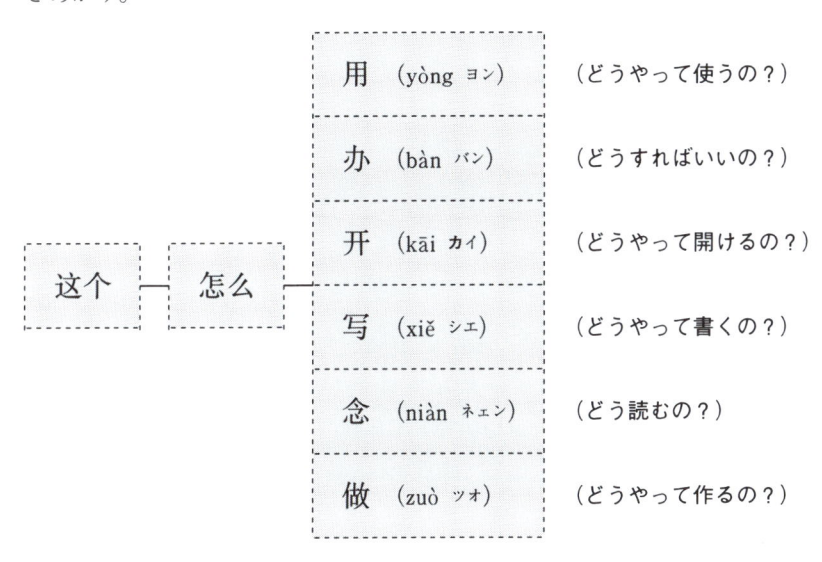

	用 (yòng ヨン)	（どうやって使うの？）
	办 (bàn バン)	（どうすればいいの？）
这个 — 怎么 —	开 (kāi カイ)	（どうやって開けるの？）
	写 (xiě シエ)	（どうやって書くの？）
	念 (niàn ネェン)	（どう読むの？）
	做 (zuò ツオ)	（どうやって作るの？）

上海外灘の午後

会话 3

お誕生日おめでとう！

祝你生日快乐！

　　　小林，你看，漂亮吗？
　　　xiǎolín nǐ kàn piàoliang ma
　　　シャオリン　ニイ　カン　ピャオリャン　マ

小林　喔，很漂亮的领带。
　　　ò hěn piàoliang de lǐngdài
　　　オ　ヘン　ピャオリャン　ダ　リンダイ

小张　这是你的生日礼物哟。
　　　zhè shì nǐ de shēngrìlǐwù yo
　　　チャア　シイ　ニイ　ダ　ションリイリイウー　ヨ

　　　祝你生日快乐！
　　　zhù nǐ shēngrì kuàilè
　　　ジュウ　ニイ　ションリイ　クアイラア

小林　谢谢，我很高兴。
　　　xièxie wǒ hěn gāoxìng
　　　シエシエ　ウオ　ヘン　ガオシン

張さん　林くん，みて，きれいでしょう？
林くん　おお，すごくきれいなネクタイだ。
張さん　お誕生日のプレゼントよ。
　　　　お誕生日おめでとうございます。
林くん　ありがとう，とってもうれしいな。

sānshí

你看 ニィ カン	みて

"你看 (nǐ kàn)"は，相手の注意を自分のほうに向けるときに使ういい方。"你看，可爱的狗 (kě'ài de gǒu カァアイダ ゴゥ)！"（みて，かわいい犬）などと使います。

喔，很漂亮的领带 オ ヘンピャオリャン ダ リンダイ	おお，すごいきれいなネクタイだ

感心したときに発する音，"喔 (o)"。またこの会話にでている"的 (de)"は日本語の「の」にあたります。"可爱的狗""漂亮的领带"のように形容詞，形容動詞のあとにも"的"をつけます。

这是你的生日礼物哟 チャアシイニイ ダ ションリイリイウー ヨ	あなたへのお誕生日のプレゼントよ

"生日 (shēngrì)"は「お誕生日」。"礼物 (lǐwù)"は「プレゼント」のこと。あなたが中国の人に贈り物をするとき，このフレーズが使えます。"这是你的礼物！"（これはあなたへのプレゼントです！）どうぞ使ってみてください。

祝你生日快乐！ ジュウニイションリイクアイラア	お誕生日おめでとうございます

この会話のメインセンテンス。お祝いのときのいい方です。同じく"祝你生日愉快 (yúkuài ユークァイ)"ということもできます。

ところで，あなたは自分の誕生日がいえますか。"我的生日是1976 (yījiǔqīliù イージュウチーリュウ) 年4月1号。"（わたしの誕生日は1976年4月1日です）

我很高兴 ウオ ヘン ガオシン	とてもうれしいです

"高兴 (gāoxìng)"は「うれしい」の意味。まちがって"我是很高兴"といわないようにしましょう。"是"は不要です。

sānshiyī

いろいろな表現

A：我 想 考 大学。　　Wǒ xiǎng kǎo dàxué.
　　ウオ シャン カオ ダアシュエ　　大学をうけるつもりです。

B：祝 你 成功。　　Zhù nǐ chénggōng.
　　ジュウ ニイ チャンゴン　　ご成功を祈ります。

＊ もし大学に合格したあとであれば，"我考上了（kǎoshàng le カオシャンラ）大学"（大学にうかりました），"祝贺（zhùhè ジュウハァ）你"（おめでとう）となります。

A：再见。　　Zàijiàn.
　　ザイジェン　　さようなら。

B：祝 你 一路 平安。　　Zhù nǐ yílù píng'ān.
　　ジュウ ニイ イールウ ピンアン　　道中のご無事をお祈りします。

＊ "祝你一路平安"は，遠くに旅立つ人を送るときの決まり文句。

A：祝 你 新年 快乐。　　Zhù nǐ xīnnián kuàilè.
　　ジュウ ニイ シンネェン クアイラア　　あけましておめでとうございます。

B：谢谢。　　Xièxie.
　　シエシエ　　どうもありがとう。

＊ "祝你新年快乐"は「あけましておめでとうございます」。

A：我 当 经理 了。　　Wǒ dāng jīnglǐ le.
　　ウオ ダン ジンリイ ラ　　社長になりました。

B：恭喜 你。　　Gōngxǐ nǐ.
　　ゴンシイ ニイ　　おめでとうございます。

＊ "恭喜你"も"祝贺你"と同様，進学・結婚・就職・昇進のときに使えます。

😊 「おめでとうございます」（お祝いのし方）

この「会話3」では，"祝你〜"を使ったお祝いのし方について勉強しました。ここでまとめておきましょう。さまざまな吉事にさいして，お祝いのフレーズが口をついてでるようになったらしめたものです。

祝贺 你！
ジュウハア ニイ

Zhùhè nǐ!
おめでとうございます！

恭喜 你！
ゴンシイ ニイ

Gōngxǐ nǐ!
おめでとうございます！

祝 你 生日 快乐！
ジュウ ニイ ションリイ クアイラア

Zhù nǐ shēngrì kuàilè!
お誕生日おめでとうございます！

祝 你 新年 快乐（愉快）！
ジュウ ニイ シンネェン クアイラア（ユークアイ）

Zhù nǐ xīnnián kuàilè (yúkuài)!
新年おめでとうございます！

祝 你 成功！
ジュウ ニイ チャンゴン

Zhù nǐ chénggōng!
ご成功を祈ります！

祝 你 身体 健康！
ジュウ ニイ シェンティー ジェンカン

Zhù nǐ shēntǐ jiànkāng!
ご健康をお祈りします！

祝 你 一路 平安（顺风）！
ジュウ ニイ イールゥ ピンアン シュンフォン

Zhù nǐ yílù píng'ān (shùnfēng)!
道中のご無事をお祈りします！

恭喜 发财！
ゴンシイ ファツァイ

Gōngxǐ fācái!
お金がもうかりますように！

sānshisān

会话 4

なおしてもらえませんか？

能不能修理一下？

小张　对不起，打搅　您。
　　　　duìbuqǐ　dǎjiǎo　nín
　　　　ディブチィ　ダアジャオ　ニン

　　　　能不能　修理　一下　自行车？
　　　　néngbunéng　xiūlǐ　yíxià　zìxíngchē
　　　　ノンブウノン　シュウリイ　イーシャ　ズゥシンチャー

修理工　没　问题。
　　　　méi　wèntí
　　　　メイ　ウェンティー

　　　　怎么　了？哪儿　出　毛病　了？
　　　　zěnme　le　nǎr　chū　máobìng　le
　　　　ツェンマ　ラ　ナアル　チュウ　マオビン　ラ

小张　是　这儿　坏　了。
　　　　shì　zhèr　huài　le
　　　　シイ　チャアル　ファイ　ラ

張さん　すみません，おじゃまします。
　　　　自転車，なおしてもらえません？
修理工　いいよ。
　　　　どうしたの？どこが壊れたの？
張さん　ここが壊れちゃったんです。

| 打搅您 ダアジャオニン | おじゃまします |

忙しそうな人に声をかけるときは，"对不起，打搅你（dǎjiāo nǐ ダアジャオニイ）"。"你"のかわりに"您（nín ニン）"（あなたさま）を使った"打搅您"は，張さんのていねいないい方です。

| 能不能 修理 一下？ ノンブウノンシュウリイイーシャ | ちょっと修理してもらえません？ |

人にものを頼むときのいい方"（你）能不能（nǐ néngbunéng）〜？"（〜してもらえませんか）のフレーズを学習しましょう。たとえばレストランで"能不能上点儿（shàngdiǎnr シャンデァル）茶水（cháshuǐ チャアシュイ）？"（お茶をもってきてもらえませんか？）と流ちょうにいえば，これぞ本場の中国語。

| 没 问题 メイウェンティー | いいよ，だいじょうぶだ |

了解するとき，引きうけるときに発することば"没（有）问题（méiyǒu wèntí メイヨウ ウェンティー"（問題ありません）。反対にだいじょうぶかどうか相手に確かめたいときは，"没（有）问题吗？"（だいじょうぶなの？）ときいてください。

| 怎么了？ ツェンマラ | どうしたの？ |

人に様子や具合をきくときの基本です。"你怎么了（nǐ zěnme le ニイ ツェンマ ラ）？"（あなたどうしたの？）は，様子が変わった相手に対して発することば。

| 哪 出 毛病了？ ナアチュウマオビンラ | どこが壊れたの？ |

このセンテンスを日本語に直訳するならば「どこに故障が出たのか」ということになります。前に勉強した"哪儿"（どこ）をフレーズの最初におきます。この"了"は状態が変化したことをあらわしています。

sānshiwǔ ◆ 35

いろいろな表現

A：你 能不能 大声 说？
　　ニイ　ノンブウノン　ダアション　シュオ
B：能 啊。
　　ノン　ア

Nǐ néngbunéng dàshēng shuō？
大きな声で話してもらえませんか？

Néng a.
わかりました。

A：请给我打扫一下，可以吗？
　　チン　ゲイ　ウオ　ダアサオ　イーシャ　カアイー　マ
B：可以。
　　カアイー

Qǐng gěi wǒ dǎsǎo yíxià, kěyǐ ma？
掃除してもらえませんか？

Kěyǐ.
はい。

＊"请给我〜，可以吗？"を使ったていねいな頼み方。"请〜"は「覚えるフレーズ」（p.14）で学びました。

A：麻烦你，帮我拿一下，
　　マアファン　ニイ　バン　ウオ　ナア　イーシャ
　　好吗？
　　ハオ　マ
B：好啊。
　　ハオ　ア

Máfan nǐ, bāng wǒ ná yíxià, hǎo ma？　すみません、ちょっと持ってもらえません？

Hǎo a.
いいですよ。

＊"帮（bāng バン）"は"帮助（bāngzhù バンジュゥ）"，「手伝う」という意味。

A：喂，能不能把垃圾倒掉？
　　ウェイ　ノンブウノン　バア　ラアジー　ダオディアオ
B：对不起，我正忙着呢。
　　ディブチィ　ウオ　チョン　マンジャ　ナ

Wèi, néngbunéng bǎ lājī dàodiào？
ねえ、ゴミ捨ててきてくれない？

Duìbuqǐ, wǒ zhèng mángzhe ne.
ごめん，ぼく忙しいんだよ。

＊"我正忙着呢"の"正""着""呢"はどれも今進行中の動作をあらわしています。

「～してもらえませんか」（人にものを頼むには）

フローチャートにそって「頼み方」と「頼まれ方」をおさらいしてみましょう。
"麻烦你"と声をかけ，"你能不能～?" "请给我～，好吗?" などで頼みます。断わり方もチェックしておきましょう。

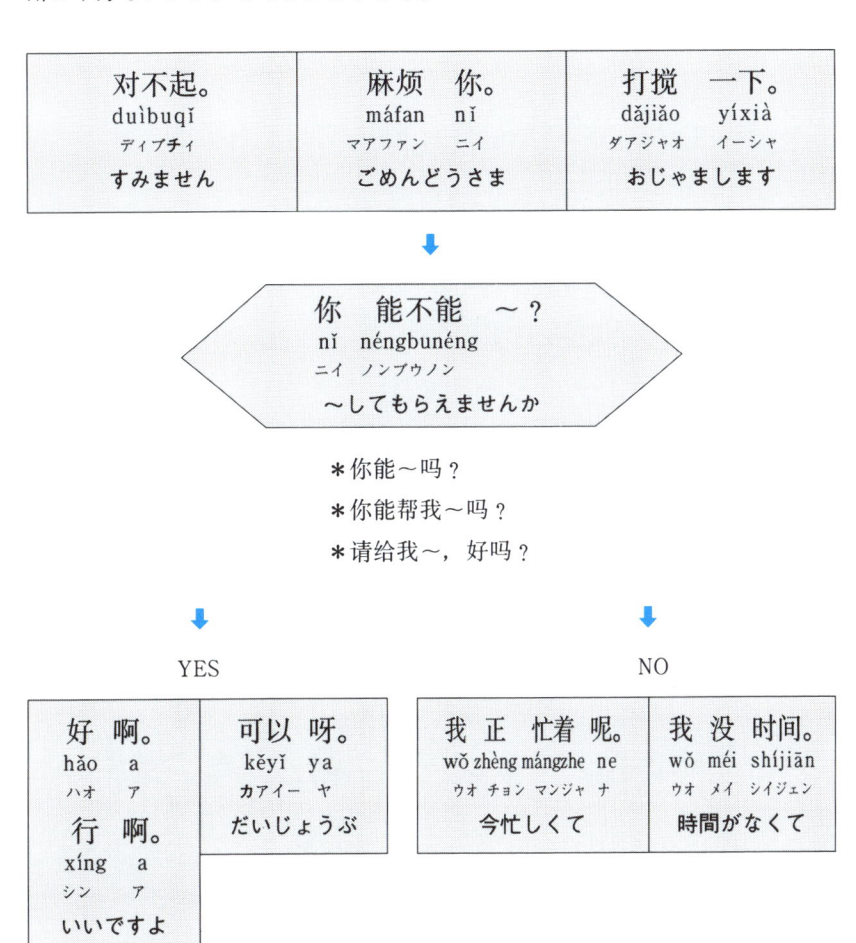

对不起。 duìbuqǐ ディブチィ すみません	麻烦　你。 máfan　nǐ マアファン　ニイ ごめんどうさま	打搅　一下。 dǎjiǎo　yíxià ダアジャオ　イーシャ おじゃまします

⬇

你　能不能　～?
nǐ　néngbunéng
ニイ　ノンブウノン
～してもらえませんか

＊你能～吗?
＊你能帮我～吗?
＊请给我～，好吗?

⬇ YES　　　　　　　　　⬇ NO

好　啊。 hǎo　a ハオ　ア 行　啊。 xíng　a シン　ア いいですよ	可以　呀。 kěyǐ　ya カアイー　ヤ だいじょうぶ	我　正　忙着　呢。 wǒ zhèng mángzhe ne ウオ チョン マンジャ ナ 今忙しくて	我　没　时间。 wǒ méi shíjiān ウオ メイ シイジェン 時間がなくて

＊没问题（méi wèntí）。（かまいません）

sānshíqī ◆ 37

会话 5

すばらしいわざだね！

Track 14　你的手艺真不错！

客人　这个　红烧鲤鱼　真　好吃！
　　　zhèige　hóngshāolǐyú　zhēn　hǎochī
　　　チェイガ　ホンシャオリイユー　チェン　ハオチイ

小张　是　吗？　太　好　了。
　　　shì　ma　tài　hǎo　le
　　　シイ　マ　タイ　ハオ　ラ

　　　请　多　吃　点儿。
　　　qǐng　duō　chī　diǎnr
　　　チン　ドゥオ　チイ　デアル

客人　你　的　手艺　真　不错。
　　　nǐ　de　shǒuyì　zhēn　búcuò
　　　ニイ　ダ　ショウイー　チェン　ブウツオ

小张　哪里　哪里。
　　　nǎli　nǎli
　　　ナアリイ　ナアリイ

お客　　この『鯉の照り焼き』は，本当においしいねえ！
張さん　そうですか。それはよかった。
　　　　たくさん召し上がってください。
お客　　張さんの腕前は，すばらしいねえ。
張さん　どういたしまして。

红烧鲤鱼	鲤の照り焼き
ホンシャオリイユー	

中国の内陸部では，魚といえばこの"鲤鱼（lǐyú）"が一般的。"红烧（hóngshāo）"は炒めてから醬油と砂糖で味つけします。このほか，"清蒸（qīngzhēng チンチョン）鲤鱼"（鲤を蒸したもの），"糖醋（tángcù タンツゥ）鲤鱼"（からりと揚げて甘酢っぱく味つけしたもの）などの調理法もあります。

好吃	おいしいです
ハオチイ	

この会話のテーマは「ほめる」「ほめられる」。ハオチー"好吃"はもうおなじみのことと思います。「味がいいですね」という意味では"味道（wèidào ウエイダオ）很好"，"很香（xiāng シャン）"といういい方もあります。

请 多 吃 点儿	たくさん召し上がってください
チン ドゥオ チイ デアル	

ほかの人に食べ物をすすめるときのいい方。"多吃（duōchī）！"（たくさん食べて）だけでいうこともできます。"点儿（diǎnr）"はもともと「少し」という意味ですが，ここではその意味はありません。

你的手艺 真 不错	あなたの腕前は，すばらしいねえ
ニイ ダ ショウイ チェン ブウツオ	

"不错（búcuò）"（すばらしい）は，料理だけでなく何にでも使えるほめことば。あなたも"你的中文很不错"（中国語うまいじゃないか）といわれるようになればしめたもの。

哪里 哪里	どういたしまして
ナアリイ ナアリイ	

ほめられれば謙遜するのは，どこの文化でも同じ。"哪里哪里（nǎli nǎli）"は「どういたしまして，いえいえ」といった感じ。単独で"哪里"とだけいってもかまいません。

いろいろな表現

A：你的 连衣裙 很 时髦。　　Nǐ de liányīqún hěn shímáo.
　　ニイ ダ レェンイーチュン ヘン シイマオ　　そのワンピース、おしゃれだね。

B：谢谢。　　Xièxie.
　　シエシエ　　どうもありがとう。

＊"时髦"とは「流行にのっている」ということ。"连衣裙"は「ワンピース」。

A：你的 房子 真 豪华。　　Nǐ de fángzi zhēn háohuá.
　　ニイ ダ ファンズ チェン ハオフア　　あなたの家は豪華ですねえ。

B：哪里 哪里。　　Nǎli nǎli.
　　ナアリイ ナアリイ　　いやいや。

＊"豪华"は日本語も中国語も同じ。

A：你 唱 得 很 好。　　Nǐ chàng de hěn hǎo.
　　ニイ チャン ダ ヘン ハオ　　歌がうまいですね。

B：不好意思。　　Bùhǎoyìsi.
　　ブウハオイース　　はずかしいです。

＊"你唱得很好"は「主語＋動詞＋"得"＋形容詞」の形。文法を参照してください。

A：你 很 能干。　　Nǐ hěn nénggàn.
　　ニイ ヘン ノンガン　　よくできますね。

B：谢谢 你 的 表扬。　　Xièxie nǐ de biǎoyáng.
　　シエシエ ニイ ダ ビャオヤン　　ほめてくださってありがとう。

＊仕事がよくできる場合には、"能干"であらわします。

「すばらしいですね」（ほめ方とほめられ方）

「うまいですね」「じょうずですね」とほめられれば、「ありがとう」「まだまだですよ」と謙遜するのが常道。ここの表現をマスターし、中国語のほめ上手、ほめられ上手になってください。

ジャンル		
(トータル)	*很不错 (búcuò ブウツオ)	すばらしいですね
(トータル)	很好 (hǎo ハオ)	とてもいいですね
(能力)	很能干 (nénggàn ノンガン)	よくできますね
(流行)	很时髦 (shímáo シイマオ)	おしゃれですね
(料理)	很好吃 (hǎochī ハオチイ)	おいしいですね
(様子)	很漂亮 (piàoliang ピャオリャン)	きれいですね

＊「とても～」は"很"のほかに"真""挺（tǐng ティン）"などが使えます。

↓

(感謝)	谢谢 (xièxie シエシエ)	ありがとう
(感謝)	谢谢你的表扬 (biǎoyáng ビャオヤン)	ほめてくださってありがとう
(謙遜)	哪里哪里 (nǎli nǎli ナアリイ ナアリイ)	いえいえ
(はじらい)	不好意思 (bù hǎoyìsi ブウ ハオイース)	はずかしいです

Track 15 中国のなぞなぞ④　ナーンだ？
千条线，万条线，掉到水里看不见。
（千本の線も、万本の線も、水の中に落ちると、見えなくなってしまう。）
⇨なぞなぞ⑤（p.49）へ　（③のこたえ：傘）

会 話 6

王社長をお願いします。

我找王经理。

秘书	喂，	您	好。			
	wéi	nín	hǎo			
	ウエイ	ニン	ハオ			
小林	喂，	请	问，	是	华联公司	吗？
	wèi	qǐng	wèn	shì	huáliángōngsī	ma
	ウエイ	チン	ウエン	シイ	フアレンゴンスー	マ
秘书	是的。	您	找	哪位？		
	shìde	nín	zhǎo	nǎwèi		
	シイダ	ニン	ジャオ	ナアウエイ		
小林	我	找	王	经理。		
	wǒ	zhǎo	wáng	jīnglǐ		
	ウオ	ジャオ	ワン	ジンリイ		
秘书	请	稍	等	一下。		
	qǐng	shāo	děng	yíxià		
	チン	シャオ	ドン	イーシャ		

秘書　もしもし，こんにちは。
林くん　もしもし，すみません，『華聯公司(フアレンコンス)』ですか？
秘書　そうですが，だれをおさがしですか？
林くん　王社長をお願いします。
秘書　少々お待ちください。

喂，您好	もしもし，こんにちは
ウエイ　ニンハオ	

"喂（wèi）"は，中国語の「もしもし」。[wéi]でも[wèi]でもだいじょうぶ。会社やホテルでは，"您好，华联公司"と先方から名前を名のってくれることもよくあります。

请问，是 华联公司 吗？	すみません，『華聯公司』ですか？
チンウエン　シイ　フアレンゴンスー　マ	フアレンコンス

相手先を確認するいい方。"请问"（すみません）をつけてきくのが礼儀。この会話は"公司"（会社）にかけた場合ですが，個人のお宅に電話をかけたいのなら，"是张丽家（jiā ジャア）吗？"というように"家"をつけて「～さんのお宅ですか」というようにしましょう。

您 找 哪位？	だれをおさがしですか？
ニンジャオナアウエイ	

秘書はことばがていねい。"您"（あなたさま）も"哪位（nǎwèi）"（どちらさま）もていねいないい方です。"你找谁（nǐ zhǎo shuí ニィ ジャオ シュイ）？"（だれをさがしているの）がふつうのいい方です。

我 找 王经理	王社長をお願いします
ウオジャオワンジンリイ	

"我找王经理"は，そのまま訳せば「王社長をさがしています」。"您找哪位？"にこたえた形です。もし相手がいるかどうか単独でたずねたいときは，"王经理在吗（wáng jīnglǐ zài ma ワンジンリイ ザイ マ）？"（王社長はいますか）といいましょう。

请 稍 等一下	少々お待ちください
チンシャオドンイーシャ	

"等一下（děng yíxià）"（ちょっと待ってください）は，よく耳にすることと思います。"等一等（děngyiděng ドンイドン）"といっても同じこと。"稍（shāo）"はまた"稍微（shāowēi シャオウエイ）"ともいい，「少し」を意味する副詞です。

いろいろな表現

A：请接　168　房间。
Qǐng jiē yāoliùbā fángjiān.
168号室をお願いします。

B：对不起，占线。请稍等。
Duìbuqǐ, zhànxiàn. Qǐng shāo děng.
すみません，話し中です。少々お待ちください。

＊内線をつないでもらうときは，"请接○○房间"といいましょう。"占线"は，回線がふさがっている，つまり話し中のこと。

A：请问，王经理在吗？
Qǐng wèn Wáng jīnglǐ zài ma?
すみません，王社長はいらっしゃいますか？

B：真不巧，他出去了。
Zhēn bù qiǎo, tā chūqù le.
あいにくですが，でかけております。

＊"～在吗？"「～さんいますか」もよく使ういい方です。

B：你有什么事吗？
Nǐ yǒu shénme shì ma?
なにかご用がございますか？

　我可以转告吗？
Wǒ kěyǐ zhuǎn'gào ma?
ご伝言いたしましょうか？

＊これは伝言をうける場合のパターン。

A：请转告他
　明天3点有会议。
Qǐng zhuǎn'gào tā míngtiān sān diǎn yǒu huìyì.
あす3時に会議があるとお伝えください。

B：好的。我一定转告。
Hǎo de. Wǒ yídìng zhuǎn'gào.
わかりました。かならず伝えます。

＊「彼に～のことをお伝えください」は"请转告他～"といいます。

「～さんをお願いします」（電話のかけ方とうけ方）

電話の表現はたくさんありますが，下の図では，電話のかけ手を中心にまとめてみました。この「会話6」ではうけ手のほうの表現も練習しましたので，自分でまとめてみてください。

◇ 喂，是～宾馆 吗？
　wèi　shì　bīnguǎn　ma
　ウエイ　シイ　ビングァン　マ
もしもし～ホテルですか

◇ 请 接～房间。
　qǐng　jiē　fángjiān
　チン　ジエ　ファンジェン
～号室につないでもらえませんか

◇ 喂，请问，是～公司 吗？
　wèi　qǐngwèn　shì　gōngsī　ma
　ウエイ　チンウエン　シイ　ゴンスー　マ
もしもし，すみません，～社ですか

◇ ～经理 在不在？
　jīnglǐ　zàibuzài
　ジンリイ　ザイブザイ
～社長はいらっしゃいますか

◇ 那一会儿再给你打电话。
　nà yìhuǐr zài gěi nǐ dǎ diànhuà
　ナア イーホアル ザイ ゲイ ニイ ダア デンファ
では，のちほどお電話しましょう

◇ 请 转告 他～。
　qǐng　zhuǎn'gào　tā
　チン　ジュアンガオ　タア
どうか～と彼にお伝えください

◇ 那 就 这样 吧，
　nà　jiù　zhèyàng　ba
　ナア　ジュウ　チャアヤン　バ
再见。
zàijiàn
ザイジェン
ではそういうことで，さようなら

sìshiwǔ ◆ 45

会话 7

先に帰ってもいいですか？

Track 17　　　我可以先走吗？

小林　啊! 糟糕 了，已经 5点 了。
　　　ā　zāogāo　le　yǐjīng　wǔdiǎn　le

　　　老板，今天 我 可以 先 走 吗？
　　　lǎobǎn　jīntiān　wǒ　kěyǐ　xiān　zǒu　ma

老板　是不是 有 约会 呀？
　　　shìbushì　yǒu　yuēhuì　ya

小林　欸，又 迟到 了。
　　　èi　yòu　chídào　le

　　林くん　あっ！しまった，もう5時だ。
　　　　　　社長，今日はお先に失礼してもいいですか？
　　社長　　デートでもあるのかね？
　　林くん　あ～あ，またおくれちゃったよ。

啊！糟糕了 ア　ツァオガオラ	あっ！しまった

失敗をしたとき，しくじったとき，この"糟糕（zāogāo）！"を使います。"糟了（zāole ツァオラ）！"ということもできます。

已经5点了 イージンウーデェン ラ	もう5時だ

ここでは"已经（yǐjing）"（もう）の使い方をマスターしましょう。"他已经走了。"（あの人はもういっちゃったよ）"已经"は副詞で，動詞や形容詞の前におきます。

老板 ラオバン	社長

比較的大きな会社の「社長」をあらわすには"经理（jīnglǐ ジンリィ）"といういい方もありますが，個人商店の主人などによびかけるときは，この"老板（lǎobǎn）"が適当です。

今天我可以先走吗？ ジンテンウオカアイーシェンツォウマ	今日はお先に失礼してもいいですか

この会話のメインセンテンス。"我可以～吗（wǒ kěyǐ～ma）？"は「～してもいいですか」の意味で，人に許可をもとめるときのいい方です。
"我可不可以先走（wǒ kěbukěyǐ xiān zǒu ウオ カアブカアイー シェン ツォウ）？"といってもほぼ同じ意味になります。

是不是有约会？ シィブシィヨウユエフイ	デートでもあるのかね？

"你有约会吗？"ならば「あなたはデートがありますか」という直接の疑問になりますが，この"是不是有约会？"ならば「デートでもあるんじゃないの？」という感じになります。

いろいろな表現

A：我 可以 用 这个 电脑 吗？　　Wǒ kěyǐ yòng zhèige diànnǎo ma?
　　ウオ カアイー ヨン チェイガ デェンナオ マ　　このコンピューター使ってもいい？

B：可以。　　Kěyǐ.
　　カアイー　　いいよ。

＊"可以"は"我可以～吗？"に対するこたえの１つ。

A：在 这里 摄像，行 吗？　　Zài zhèlǐ shèxiàng, xíng ma?
　　ザイ チャアリイ シャアシャン シン マ　　ここでビデオをとってもいいですか？

B：对不起，不行。　　Duìbuqǐ, bùxíng.
　　ディブチイ　ブウシン　　すみませんが，だめです。

＊うしろに"～，行吗？"をつけて「いいですか？」ときくことができます。"不行"は「ダメ」の意味。

A：妈妈，我 可不可以 看 电视？　　Māma, wǒ kěbukěyǐ kàn diànshì?
　　ママ ウオ カアブカアイー カン デェンシイ　　ママ，テレビみてもいい？

B：晚饭 后，可以 看。　　Wǎnfàn hòu, kěyǐ kàn.
　　ワンファン ホウ カアイー カン　　晩ご飯のあと，みてもいいわよ。

＊このこたえは「条件付きの許可」です。

A：自行车 放 这儿，好 吗？　　Zìxíngchē fàng zhèr, hǎo ma?
　　ズゥシンチャー ファン チャアル ハオ マ　　自転車をここにおいてもいいですか。

B：好 啊。　　Hǎo a.
　　ハオ ア　　かまいませんよ。

＊"～，好吗？"は"～，行吗？"と同様に「いいですか？」。

「～してもいいですか」（許可をもらうテクニック）

ここでは「～してもいいですか？」と，ほかの人から許可をもらう場合の表現をたくさん学びましたね。こたえ方は"可以"できかれた場合に"可以"でこたえなければならないのではなく，"行啊"でも"好啊"でもかまいません。

＜～してもいいですか？　かまいませんか？＞

我可以～吗？	wǒ kěyǐ ～ ma（ウオ カアイー ～ マ）
我可不可以～？	wǒ kěbukěyǐ ～（ウオ カアブカアイー）
我能～吗？	wǒ néng ～ ma（ウオ ノン ～ マ）
～，行吗？	～, xíng ma（～, シン マ）
～，好吗？	～, hǎo ma（～, ハオ マ）

⬇　　　　　　　　　　⬇

＜いいですよ＞　　　　　＜だめですよ＞

可以。	kěyǐ（カアイー）		不可以。	bù kěyǐ（ブカアイー）
能。	néng（ノン）		不能。	bù néng（ブノン）
行。	xíng（シン）		不行。	bù xíng（ブシン）
好。	hǎo（ハオ）			
没关系。	méi guānxi（メイ グアンシィ）			

Track 18

中国のなぞなぞ⑤　ナーンだ？
走在上面，坐在下面。
（走るは上にあって，座るは下にある。ヒント；漢字一字です。）
⇨なぞなぞ⑥（p.61）へ　　（④のこたえ：雨）

sìshíjiǔ ◆ 49

会话 8

わたしとってもうれしいの！

我非常高兴！

小林　你 为什么 那么 兴奋？
　　　nǐ wèishénme nàme xīngfèn
　　　ニイ ウエイシェンマ ナアマ シンフェン

小张　告诉 你 吧，今天 我 非常 高兴，
　　　gàosu nǐ ba jīntiān wǒ fēicháng gāoxìng
　　　ガオス ニイ バ ジンテェン ウオ フェイチャン ガオシン

　　　我 中 奖 了。
　　　wǒ zhòng jiǎng le
　　　ウオ チョン ジャン ラ

小林　那 太 好 了，今天 你 请 客 吧！
　　　nà tài hǎo le jīntiān nǐ qǐng kè ba
　　　ナア タイ ハオ ラ ジンテェン ニイ チン カァ バ

小张　没 问题。
　　　méi wèntí
　　　メイ ウェンティー

　　林くん　どうしてそんなに興奮しているの？
　　張さん　教えてあげましょうか，今日はとっても嬉しいの，
　　　　　　わたし宝くじに当たっちゃった！
　　林くん　そりゃあいいね，今日はおごってよ。
　　張さん　いいわよ。

wǔshí

| 你 为什么 那么 兴奋？
ニイ ウエイシェンマ ナアマ シンフェン | どうしてそんなに興奮しているの？ |

"为什么（wèishénme）"は「どうして・なぜ」と理由をきくための大切な表現。"你为什么不高兴？"（どうしてつまらなさそうにしているの？）などいろいろ使えます。

| 告诉 你
ガオス ニイ | 教えてあげる |

"告诉（gàosu）"は「話す・教える」という意味。"我告诉你一件（yíjiàn イージェン）事儿"（わたしはあなたにあることを教えてあげましょう）というように，「"告诉"＋人＋事」の順にいいます。

| 今天 我 非常 高兴
ジンテェンウオフェイチャンガオシン | 今日はとってもうれしいの |

「うれしい」は"高兴"，「興奮した」は"兴奋（xīngfèn シンフェン）"，このほか感動したときには"我很感动（gǎndòng ガンドン）！"，ひどく感動したときには"我很激动（jīdòng ジードン）！"といいます。

| 我 中 奖 了
ウオチョンジャン ラ | わたし宝くじに当たっちゃった |

"中（zhòng）"は「当たる」という意味の動詞として使います。"奖（jiǎng）"は「賞・宝くじ」。"了（le）"はすでにおきた動作を示しています。

| 今天 你 请客 吧
ジンテェンニイチンカァ バ | 今日はおごってよ |

"请客（qǐng kè）"は「おごる」ということ。"你请我客"で「あなたがわたしにおごる」，"我请你客"で「わたしがあなたにおごる」。だれがだれにおごるのか混乱しては大変。使うときに注意しましょう。

いろいろな表現

A：你 今天 玩儿 得 愉快 吗？
　　ニイ　ジンテェン　ワアル　ダ　ユークァイ　マ

Nǐ jīntiān wánr de yúkuài ma?
今日は愉快に遊んだかい？

B：我 玩儿 得 非常 愉快。
　　ウオ　ワアル　ダ　フェイチャン　ユークァイ

Wǒ wánr de fēicháng yúkuài.
とても愉快に遊べました。

* "玩儿得愉快"は「主語＋動詞＋"得"＋形容詞」（～するのが…だ）の形です。

A：你 为什么 哭 了？
　　ニイ　ウェイシェンマ　クウ　ラ

Nǐ wèishénme kū le?
どうして泣いているの？

B：我 感动 了。
　　ウオ　ガンドン　ラ

Wǒ gǎndòng le.
わたし感動しちゃった。

* "哭（kū）"は「泣く」ということ。

A：《三国演义》很 有意思。
　　サングオイエンイ　ヘン　ヨウイース

《Sānguóyǎnyì》hěn yǒuyìsi.
『三国演義』はおもしろいね。

B：是 啊。很 多 人 都 喜欢。
　　シイ　ア　ヘン　ドゥオ　レン　ドウ　シイファン

Shì a. Hěn duō rén dōu xǐhuan.
そうだよ，みんな好きさ。

* "有意思"（おもしろい），"没（有）意思"（つまらない）は大切な表現。

A：你 不 听 妈妈 的 话，
　　ニイ　ブウ　ティン　ママ　ダ　フア

Nǐ bù tīng māma de huà,
ママの話を聞かない子だね，

　　我 生气 了。
　　ウオ　ションチイ　ラ

Wǒ shēngqì le.
怒るわよ。

* 怒ったときは"生气"といいます。死ぬほど怒ったときは"生气死了（shēngqì sǐ le ションチイ スウ ラ）"。

😊 「うれしいです」（あなたの感情を表現してください）

ここまでに学んだ「喜怒哀楽」を表現することばを使って，あなたの感情が表現できます。"遗憾""失望"などキツイことばは，使う場面に気をつけましょう。

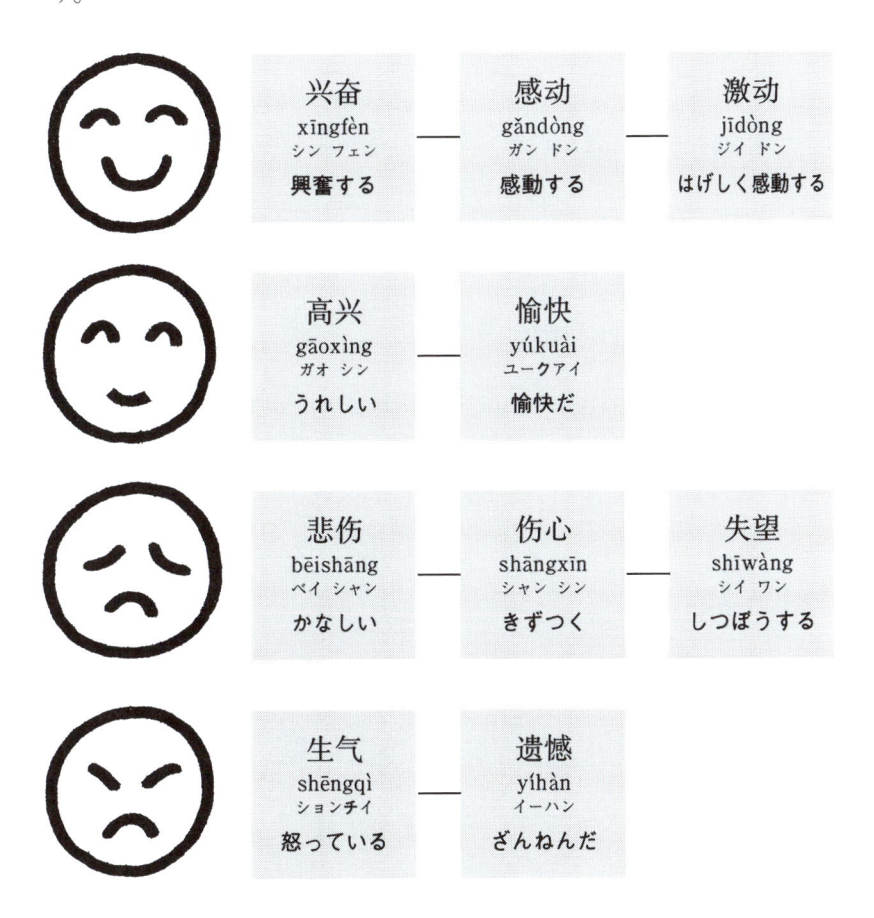

😊	兴奋 xīngfèn シン フェン 興奮する	感动 gǎndòng ガン ドン 感動する	激动 jīdòng ジィ ドン はげしく感動する
🙂	高兴 gāoxìng ガオ シン うれしい	愉快 yúkuài ユークアイ 愉快だ	
😢	悲伤 bēishāng ベイ シャン かなしい	伤心 shāngxīn シャン シン きずつく	失望 shīwàng シイ ワン しつぼうする
😠	生气 shēngqì ションチイ 怒っている	遗憾 yíhàn イーハン ざんねんだ	

会 话 9

ちょっと気分がわるいんです。

我有点儿不舒服。

小张　你　怎么　不　多　吃　呢？
　　　nǐ　zěnme　bù　duō　chī　ne

小林　我　有点儿　不　舒服，没有　食欲。
　　　wǒ　yǒudiǎnr　bù　shūfu　méiyǒu　shíyù

小张　你　是不是　感冒　了？
　　　nǐ　shìbushì　gǎnmào　le

小林　好像　是。
　　　hǎoxiàng　shì

小张　快　吃　药，早点儿　睡觉　吧。
　　　kuài　chī　yào　zǎodiǎnr　shuìjiào　ba

張さん　どうしてたくさん食べないの？
林くん　ちょっと気分がわるいし，食欲もないんだ。
張さん　風邪ひいたんじゃない？
林くん　そうみたい。
張さん　すぐに薬をのんで，早くおやすみなさいよ。

| 你怎么不多吃呢？
ニイツェンマブウドゥオ**チイ**ナ | どうしてたくさん食べないの？ |

"你怎么不 (nǐ zěnme bù) ～？"で「あなたはどうして～しないのか？」といぶかる気持ちを表現できます。たとえば "师傅，你怎么不走 (nǐ zěnme bù zǒu ニイ ツェンマ ブウツォウ) ？" で「運転手さん，どうして行かないの？」。"你为什么不走？" といっても同じこと。

| 我有点儿不舒服
ウオ ヨウデアル ブウシュウフウ | ちょっと気分がわるい |

"有点儿 (yǒudiǎnr)"「ちょっとある」の意味。"有一点儿" が省略された形です。"舒服" とは「気持ち・気分がいい」ということ。

| 你是不是感冒了？
ニイシイブシイガンマオラ | 風邪ひいたんじゃない？ |

"是不是～？"（～ではないですか）の用法は 2 度目になります。もうマスターしましたか。"感冒了 (gǎnmào le)" のほか，病気になったときは "病了 (bìng le ビンラ)" "生病了 (shēngbìng le ションビンラ)"（病気になった）といいます。

| 好像是
ハオシャンシイ | そうみたい |

"是" にくらべて，"好像是 (hǎoxiàng shì)" は「そうみたい」という確信のないこたえ方になります。"好像" の使い方については「会話16」を参考にしてください。

| 快吃药，早点儿睡觉
クァイチイヤオ ツァオデアルシュイジャオ | すぐに薬をのんで，早くおやすみ |

"吃药 (chī yào)。"（薬をのみなさい）"睡觉 (shuìjiào)。"（ねなさい）のように，直接動詞で始まるフレーズは，人に命じる形となります。またここでの "快 (kuài)" は速度が速いこと，"早 (zǎo)" は時間的に早いことをあらわします。

wǔshiwǔ ◆ 55

いろいろな表現

A：你 哪儿 不 舒服？
Nǐ nǎr bù shūfu?
どこがわるいのですか？

B：我 牙 疼。
Wǒ yá téng.
歯が痛いんです。

* "胃（wèi ウエイ）疼"，"头（tóu トウ）疼"，"肚子（dùzi ドゥズ）疼"（腹痛）も，いっしょに覚えてください。

A：你 好像 没有 精神，怎么 了？
Nǐ hǎoxiàng méiyǒu jīngshen, zěnme le?
元気がありませんね，どうしました？

B：我 有点儿 头晕。
Wǒ yǒudiǎnr tóuyūn.
ちょっと頭がくらくらします。

* "没有精神"は「元気がない」こと。"很有精神"は「とても元気」。

A：昨天 你 发烧 了 吗？
Zuótiān nǐ fāshāo le ma?
きのうは熱がでましたか？

B：发烧 了。38度。
Fāshāo le. Sānshibādù.
でました。38度でした。

A：你 别 担心。吃 了 药 就 好 了。
Nǐ bié dānxīn. Chī le yào, jiù hǎo le.
心配しないでください。薬をのめばなおります。

B：谢谢，大夫。
Xièxie, dàifu.
ありがとう，先生。

* "别～"は「～しないで」の意味。お医者さんは"大夫"または"医生（yīshēng イーション）"といいます。

「気分がわるいんです」（病気について話そう）

短期の旅行でも，長期の滞在でも「病気」はつきもの。自分が病気にならなくても，つきそいで病院に行くことはよくあるものです。

你怎么了?	nǐ zěnme le ニイツェンマラ	どうしました?
你哪儿不舒服?	nǐ nǎr bù shūfu ニイナアルブウシュウフウ	どこがわるいんですか?

↓

| 不舒服
bù shūfu
ブウ シュウフウ
気分がわるいです | 没有食欲
méiyǒu shíyù
メイヨウ シイユー
食欲がありません | 没有精神
méiyǒu jīngshen
メイヨウ ジンシェン
元気がありません |

↓

| 头晕
tóuyūn
トゥユン
頭がくらくらします | 肚子疼
dùziténg
ドゥズトン
おなかがいたいです | 发烧
fāshāo
フアシャオ
ねつがあります |
| 受伤
shòushāng
ショウシャン
けがをする | 咳嗽
késou
カアソウ
せきがでます | 恶心
ěxin
アーシン
吐き気がします |

＜関連のことば＞

　　"癌（ái　アイ）"　　　　　　　（ガン）
　　"肺炎（fèiyán　フェイイエン）"　　（肺炎）
　　"怀孕（huáiyùn　ファイユン）"　　（妊娠する）
　　"爱滋病（àizībìng　アイズービン）"（エイズ）

会话 10

ここはわたしに払わせて！

这次让我付钱吧！

小张　时间 不 早 了，我们 走 吧！
　　　shíjiān bù zǎo le, wǒmen zǒu ba

小林　小姐， 请 结帐。
　　　xiǎojiě qǐng jiézhàng

小张　这次 让 我 付钱 吧！
　　　zhècì ràng wǒ fùqián ba

小林　真 不好意思， 那 下次 我 来 请 客。
　　　zhēn bùhǎoyìsi nà xiàcì wǒ lái qǐng kè

張さん　そろそろ時間だわ，行きましょう。
林くん　おねえさん，おかんじょう。
張さん　ここはわたしに払わせて。
林くん　かっこわるいな，じゃあ，つぎはぼくがおごるよ。

时间 不早 了	そろそろ時間だ
シイジェンブウツァオ ラ	

"时间不早了（shíjiān bù zǎo le）"（もうおそくなった）は，日本語の「そろそろ時間だ」に相当するいい方です。

请 结帐	おかんじょうをお願いします
チンジエジャン	

"结帐（jiézhàng）"は食事をしておかんじょうするときの重要単語。"算帐（suànzhàng スアンジャン）"といっても同じこと。

这次 让 我 付钱 吧！	ここはわたしに払わせて
チャアツゥラン ウオフウチェンバ	

"让我～吧（ràng wǒ～ba ランウォ～バ）！"は「わたしに～させてください」と自分から申しでるいい方。"让（ràng）"は文字通り「～させる」という中国語の使役表現。たとえば"我让小张去吧！"（わたしは張さんに行かせよう！）というように使います。

不好意思	はずかしいです・かっこわるいです
ブウハオイース	

中国語で「はずかしい」というときはいつでも"不好意思"。"耻（chǐ チィ）"（恥）は，ほとんど書きことばとして存在してます。

下次 我 来 请 客	つぎはぼくがおごるよ
シャアツウオ ライ チン カァ	

"我来（wǒ lái ウォライ）～"を使っても「わたしが～しましょう」と申しでることができます。"我来吧！"といえば「わたしにまかせなさい！」ということ。またこのフレーズで"下次"は「今度」，反対に"上次（shàngcì シャンツゥ）"といえば「このあいだ，前回」のこと。

いろいろな表現

A：让我来拿行李吧。
Ràng wǒ lái ná xíngli ba.
わたしが荷物を持ちましょう。

B：太重了，给我一半儿。
Tài zhòng le, gěi wǒ yíbànr.
重いですよ，半分こちらにください。

* "给"の使い方をマスターしてください。

A：你很忙吧。
Nǐ hěn máng ba.
あなたは忙しいでしょ。

这个工作交给我吧。
Zhèige gōngzuò jiāo gěi wǒ ba.
この仕事はわたしにまかせてください。

* "交给我"は「わたしにわたしてください」ということ。

A：给你来点儿咖啡吧。
Gěi nǐ lái diǎnr kāfēi ba.
コーヒーをおいれしましょうか。

B：太好了，谢谢。
Tài hǎo le, xièxie.
それはいい，ありがとう。

* "给你来点儿～吧"は「(わたしが)あなたに～を持ってきてあげましょうか」。

A：给你拿点儿药吧。
Gěi nǐ ná diǎnr yào ba.
薬を持ってきてあげましょうか。

B：不用了，我已经吃过了。
Bú yòng le, wǒ yǐjīng chīguò le.
けっこうです。もうのみましたから。

* "不用"は「～するには及ばない」。"过"は薬をのむことを「おえた・すませた」という意味。

😊 「わたしが〜しましょう」（自分から申しでるには）

この「会話10」では"让我〜吧！"の表現を中心に，自分から申しでるためのストラテジーを考えてきました。うけ方も含めてまとめておきましょう。

我给你〜吧！	wǒ gěi nǐ〜ba ウオ ゲイニイ〜バ	〜してあげましょうか
我来〜吧！	wǒ lái〜ba ウオ ライ〜バ	わたしが〜しましょう
〜交给我吧！	〜jiāo gěi wǒ ba ジャオ ゲイ ウオ バ	〜をわたしにまかせてください

让我（来）〜吧！
ràng wǒ lái〜ba
ラン ウオ ライ 〜バ
わたしに〜させてください！

⬇　　　　　⬇
YES　　　　NO

太好了，谢谢。 tài hǎo le xièxie タイ ハオ ラ　シエシエ それはいい，ありがとう	谢谢，不用了。 xièxie búyòng le シエシエ　プヨン ラ どうも，けっこうです

Track 22 🤔 **中国のなぞなぞ⑥　ナーンだ？**
你走他也走，你笑他也笑，你问他是谁，他说你知道。
（あなたが歩くと彼も歩く。あなたが笑うと彼も笑う，だれかと問えば，彼はあなたは知っているはずだという。）　⇨なぞなぞ⑦（p.65）へ
（⑤のこたえ：土）

会 话 11

車を買うつもりなんだ。

Track 23　　我打算买汽车。

小张	这么 多 的 汽车 广告 啊！ zhème duō de qìchē guǎnggào a チャアマ ドゥオ ダ チイチャー グアンガオ ア	
小林	是 啊，我 打算 买 汽车。 shì a wǒ dǎsuàn mǎi qìchē シイ ア ウォ ダアスアン マイ チイチャー	
小张	真 的？ zhēn de チェン ダ	
	你 有 那么 多 钱 吗？ nǐ yǒu nàme duō qián ma ニイ ヨウ ナアマ ドゥオ チェン マ	
小林	咳，现在 没有，将来 会 有 的。 hài xiànzài méiyǒu jiānglái huì yǒu de ハイ シンザイ メイヨウ ジャンライ フイ ヨウ ダ	
小张	哈 哈 哈 … hā hā hā ハ ハ ハ	

　　張さん　こんなにたくさんの車の広告！
　　林くん　そうだよ。車を買うつもりなんだ。
　　張さん　本当？
　　　　　　そんなにお金持ってるの？
　　林くん　ウーン，今はないけど，将来はきっとね。
　　張さん　ハハハ……

这么 多 チャアマドゥオ	こんなにたくさん

「"这么(zhème)"+形容詞・動詞」で「こんなに〜」の意味。また張さんは少しあとで"那么(nàme ナァマ)"(そんなに〜)も使っています。ここでの"这么多的汽车广告啊！"は，動詞のないフレーズです。

我 打算 买 汽车 ウオダアスアンマイチイチャー	ぼくは車を買うつもりなんだ

この会話では自分の意思を相手に伝えるいい方を覚えましょう。"打算(dǎsuàn)"は，これから何かをするつもりがあるとき，"我打算开公司(kāi gōngsī カイ ゴンスー)。"（わたしは会社をおこすつもり），"我打算去中国留学(liúxué リュウシュエ)。"（中国へ留学するつもり）などと使います。さてあなたは"你有什么打算？"（どんなつもりがあるの？）

真 的？ チェン ダ	本当？

上がり調子のイントネーションで"真的(zhēn de)？"（本当なの？）といってください。「本当ですよ」と念をおすときは下がり調子で発音します。「本当，それともうそ？」とききたいときは，"真的假的(zhēn de jiǎ de チェン ダ ジャー ダ)？"といいます。

现在没有， 将来 会有的 シンザイメイヨウ ジャンライフイヨウ ダ	今はないけど，将来はきっとね

"现在(xiànzài)"と"将来(jiānglái)"，"没有"と"有"を対にしたフレーズです。"将来会有的"の"会〜的"は「きっと〜のはずだ」をあらわします。

哈哈哈… ハハハ	ハハハ…

笑い声も中国語でどうぞ。中国語の笑いは"哈哈(hāhā)"や"嘿嘿(hēihēi ヘイヘイ)""嘻嘻(xīxī シーシ)""嘎嘎(gāgā ガーガ)"などがあります。

いろいろな表現

A：你 打算 去 哪儿 旅行？
ニイ ダアスアン チュ ナアル リュシン
Nǐ dǎsuàn qù nǎr lǚxíng?
あなたはどこに旅行に行くつもり？

B：我 打算 去 新加坡。
ウオ ダアスアン チュ シンジャアポオ
Wǒ dǎsuàn qù xīnjiāpō.
シンガポールに行くつもり。

A：我 愿意 参加 舞会。
ウオ ユアンイ ツァンジヤ ウーフイ
Wǒ yuànyi cānjiā wǔhuì.
ダンスパーティーに参加します。

B：太 好 了！我们 一起 去 吧。
タイ ハオ ラ ウオメン イーチイ チュ バ
Tài hǎo le! Wǒmen yìqǐ qù ba.
それはいい！いっしょに行きましょう。

＊"愿意"は，漢字のように，自分から「願って～する」というニュアンス。

A：我 不 愿意 参加 选举。
ウオ ブウ ユアンイー ツァンジヤ シュアンジュ
Wǒ bú yuànyi cānjiā xuǎnjǔ.
選挙に行きたくないな。

B：我 也 不 愿意。
ウオ イエ ブウ ユアンイー
Wǒ yě bú yuànyi.
わたしも行きたくない。

＊相手の意思を確認するときに，"你愿意不愿意？"（したいのしたくないの？）とききます。

A：我 不 想 当 家庭主妇。
ウオ ブウ シャン ダン ジャアティンジュウフウ
Wǒ bù xiǎng dāng jiātíng zhǔfù.
わたしは主婦になりたくないわ。

我 想 工作。
ウオ シャン ゴンツオ
Wǒ xiǎng gōngzuò.
働きたいの。

＊"我想～"は，"我要～"と同じく「～したい」の意味でしたね。

「〜するつもりです」（意思をあらわす方法）

自分が何をしたいのか，相手に明確につたえることはとても大切です。中国語では "要" "想" "打算" "愿意" のそれぞれを使って，あなたの意思を表現することができます。

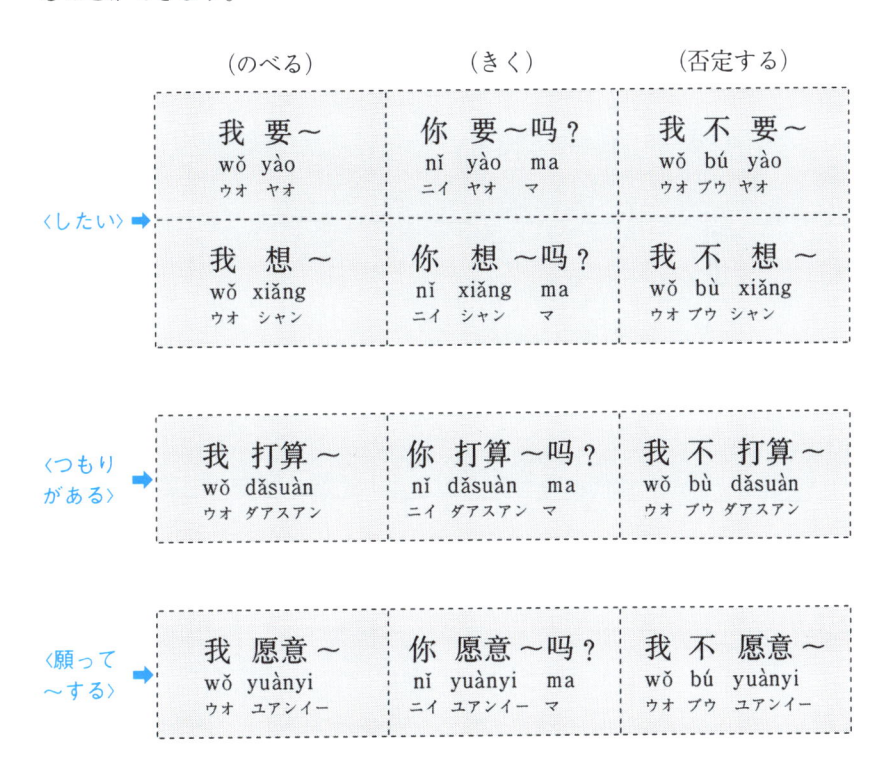

	（のべる）	（きく）	（否定する）
〈したい〉	我要〜 wǒ yào ウオ ヤオ	你要〜吗？ nǐ yào ma ニイ ヤオ マ	我不要〜 wǒ bú yào ウオ ブウ ヤオ
	我想〜 wǒ xiǎng ウオ シャン	你想〜吗？ nǐ xiǎng ma ニイ シャン マ	我不想〜 wǒ bù xiǎng ウオ ブウ シャン
〈つもりがある〉	我打算〜 wǒ dǎsuàn ウオ ダアスアン	你打算〜吗？ nǐ dǎsuàn ma ニイ ダアスアン マ	我不打算〜 wǒ bù dǎsuàn ウオ ブウ ダアスアン
〈願って〜する〉	我愿意〜 wǒ yuànyi ウオ ユアンイー	你愿意〜吗？ nǐ yuànyi ma ニイ ユアンイー マ	我不愿意〜 wǒ bú yuànyi ウオ ブウ ユアンイー

Track 24　中国のなぞなぞ⑦　ナーンだ？

什么东西，无腿走天下？　什么东西，有腿不会走？
（足が無いのに世界を歩けるものなんだ。足があっても歩けないものなんだ。ヒント：こたえは2つ）　⇨なぞなぞ⑧（p.69）へ
（⑥のこたえ：鏡）

会話 12

エステに行ったほうがいいよ。

你最好去减肥中心。

（小张　看着　镜子。）
xiǎozhāng　kànzhe　jìngzi
シャオジャン　カンジャ　ジンズ

小张　哎呀，　我　又　胖　了，　怎么　办？
　　　āiya　　wǒ　yòu　pàng　le　zěnme　bàn
　　　アイヤ　ウオ　ヨウ　パン　ラ　ツェンマ　バン

小林　我　看，　你　最好　去　减肥中心。
　　　wǒ　kàn　nǐ　zuìhǎo　qù　jiǎnféizhōngxīn
　　　ウオ　カン　ニイ　ツイハオ　チュ　ジェンフェイチョンシン

小张　你　是　说　我　胖　吗？
　　　nǐ　shì　shuō　wǒ　pàng　ma
　　　ニイ　シイ　シュオ　ウオ　パン　マ

小林　你　自己　说　的　呀。
　　　nǐ　zìjǐ　shuō　de　ya
　　　ニイ　ズウジイ　シュオ　ダ　ヤ

（張さんが鏡をみています）
張さん　あーあ，わたしまたふとっちゃった。どうしよう。
林くん　エステにでも行ったほうがいいと思うけど。
張さん　わたしがふとっているとでもいいたいの？
林くん　自分でいったんじゃないか…

小张 看着 镜子	張さんが鏡をみています
シャオジャン カンジャ ジンズ	

"小张看着镜子"の"着（zhe）"は「～しているところ」という進行中の動作をあらわしています。すでにみてきたように，進行中の動作を表現するには，"正在（zhèngzài）（または正／在）"と"着"と"呢"の3つを使う方法があります。

哎呀，我又胖了	あーあ，わたしまたふとっちゃった
アイヤ　　ウオヨウパン ラ	

「あら」とおどろいたときも，「あーあ」と失敗したときも，[āiya アイヤ]といいます。気持ちをこめて発音しましょう。"胖（pàng）"は「ふとる」，その反対は"瘦（shòu ショウ）"（やせる）。

怎么 办？	どうしよう？
ツェンマ バン	

"怎么办（zěnme bàn）？"は「わたしどうしたらいいの？」と困難な状況におかれているときに発することば。「会話2」でみたように「どうしますか」と手順をきくときにも使えました。

我看	わたしは～と思う
ウオカン	

"我看（wǒ kàn）"は「私がみるところでは」。その下の"你是说～"は「あなたは～という」の意味で，これと対応しています。"你说～"ということもできます。

你最好去 减肥中心	エステに行ったほうがいいよ
ニイツイハオチュジェンフェイチョンシン	

この「"你最好（zuìhǎo）"＋動詞」は，「～するのがいちばんいいよ」という，ほかの人へのアドバイスの形です。このいい方を使って，友人にアドバイスをしてみましょう。"你最好去中国体验（tǐyàn ティーイェン）一下。"（中国に行って体験してみるといいよ）。例文の"中心（zhōngxīn）"とは「センター（組織・施設）」のこと。

liùshíqī ◆ 67

いろいろな表現

A：我 带 什么 礼品 好 呢？
　　ウオ ダイ シェンマ リーピン ハオ ナ

Wǒ dài shénme lǐpǐn hǎo ne？
わたしどんなお土産を持ってったらいい？

B：还是 有 日本 特色 的 好。
　　ハイシィ ヨウ リイベン タアスゥ ダ ハオ

Háishì yǒu rìběn tèsè de hǎo.
やっぱり日本的なのがいいんじゃない。

＊"还是～好"，これも人にすすめるいい方。「やっぱり～がいいんじゃない」。

A：我 想 买 电视机，
　　ウオ シャン マイ デェンシィジー
　　什么样 的 好 呢？
　　シェンマヤン ダ ハオ ナ

Wǒ xiǎng mǎi diànshìjī, shénmeyàng de hǎo ne？
テレビを買いたいがどんなのがいいかな？

B：你 最好 买 "牡丹" 牌 的。
　　ニイ ツイハオ マイ ムウダン バイ ダ

Nǐ zuìhǎo mǎi "Mǔdān" pái de.
『牡丹』ブランドを買ったほうがいいよ。

A：我 不 喜欢 这个 口红 的 颜色。
　　ウオ ブウ シイファン チェイガ コウホン ダ イエンスゥ

Wǒ bù xǐhuan zhèige kǒuhóng de yánsè.
この口紅の色，好きじゃないんだけど。

B：你 试试 这个，怎么样？
　　ニイ シイシィ チェイガ ツェンマヤン

Nǐ shìshi zhèige, zěnmeyàng？
こちらをお試しになってはいかがですか？

＊デパートでの会話。"你试试～"は「～を試してみてはどうですか」。

A：最近 我 的 胃 不好。
　　ツイジン ウオ ダ ウエイ ブウハオ

Zuìjìn wǒ de wèi bùhǎo.
最近胃の調子がよくありません。

B：那 你 应该 戒 酒。
　　ナア ニイ インガイ ジエ ジュウ

Nà nǐ yīnggāi jiè jiǔ.
それなら，禁酒すべきです。

＊"你应该～"は「あなたは～すべきだ」。きつい調子の提言です。

「～したほうがいいよ」（友人にアドバイスしてみよう）

「会話12」のテーマは，"你最好～"（～したほうがいいよ）。ほかの人にアドバイスする方法をマスターすることです。これまでにつぎの4つの形がでてきました。

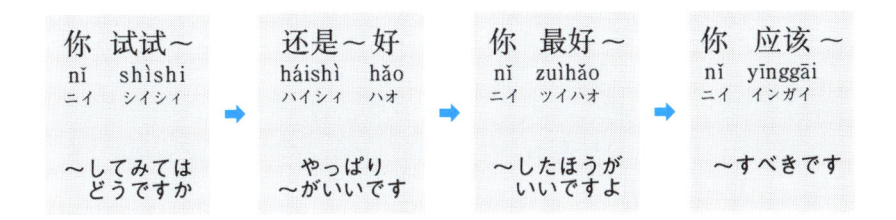

你 试试～	还是～好	你 最好～	你 应该～
nǐ shìshi	háishì hǎo	nǐ zuìhǎo	nǐ yīnggāi
ニイ シイシイ	ハイシィ ハオ	ニイ ツイハオ	ニイ インガイ
～してみてはどうですか	やっぱり～がいいです	～したほうがいいですよ	～すべきです

＊ネガティブなアドバイスはつぎのフォームとなります。

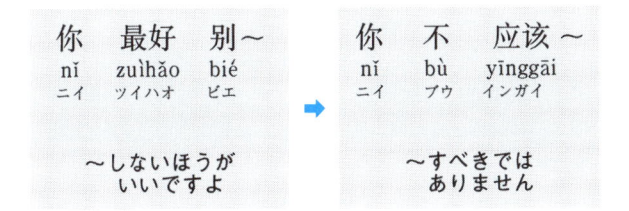

你 最好 别～	你 不 应该～
nǐ zuìhǎo bié	nǐ bù yīnggāi
ニイ ツイハオ ビエ	ニイ ブウ インガイ
～しないほうがいいですよ	～すべきではありません

你 最好 别 去 那样 的 地方。　あんなところに行かないほうがいいよ
nǐ zuìhǎo bié qù nàyàng de dìfang
ニイツイハオ ビエ チュ ナアヤンダ ディファン

你 不 应该 花 那么 多 钱。　そんなにお金を使うべきではないよ
nǐ bù yīnggāi huā nàme duō qián
ニイ ブウ インガイ ファ ナアマ ドゥオ チェン

Track 26　中国のなぞなぞ⑧　ナーンだ？
什么东西，有眼不流泪？　什么东西，有嘴不说话？
（目があるのに涙をながさないものなんだ。口があるのにしゃべらないものなんだ。）　⇨なぞなぞ⑨（p.81）へ
（⑦のこたえ：切手・テーブル）

liùshíjiǔ ◆ 69

会 话 13

どんな人ですか？

她是什么样的人？

小张　哦， 这 两个 孩子 一模一样。
　　　ò　zhè　liǎngge　háizi　yìmúyíyàng

　　　是 双胞胎 吧？
　　　shì　shuāngbāotāi　ba

孩子的母亲　是的。 不过 性格 不同。
　　　shìde　búguò　xìnggé　bùtóng

　　　一个 活泼 淘气， 一个 老实 腼腆。
　　　yíge　huópo　táoqì　yíge　lǎoshi　miǎntian

小张　那 真 不 一样 啊。
　　　nà　zhēn　bù　yíyàng　a

張さん　あっ，この子たち本当にそっくりですね。双子ですか。
子供の母親　そうなんですよ。でも性格はちがっていて，1人は活発でいたずらっ子，もう1人はおとなしくて，はにかみや。
張さん　じゃあ，全くちがうんですね。

| 这 两个 孩子 一模一样
チャアリャンガ　ハイズ　イームーイーヤン | この子たち本当にそっくりですね |

"一模一样 (yìmúyíyàng)" は「瓜二つ」を意味する熟語。"一样" は「同じ」を意味する基本単語。2つのものを比べるときは，"这个跟 (gēn ゲン) 那个一样"（これとあれは同じ）の形で使います。

| 不过 性格 不同
ブウグオ　シンガア　ブウトン | でも性格はちがっています |

"不过 (búguò)" は「でも～」と話を変えるいい方。この "不同 (bùtóng)" は下の "不一样" と意味的に同じ。

| 是的
シイダ | そうなんですよ |

"是"（そうです）"是啊"（そうだよ）"是的"（そうなんです）。実際のコミュニケーションではいろいろなこたえ方をしたほうがいいですね。

| 一个 ～, 一个 …
イーガ　　イーガ | 1人（1つ）は～で，もう1人（1つ）は… |

"一个（是）～，一个（是）…" も応用のきく表現です。後に名詞が来れば，動詞 "是" が必要となります。"一个是学生，一个是老师"（1人は学生で，もう1人は先生です）。

| 活泼 淘气・老实 腼腆
フゥオポウタオチイ　　ラオシイメェンテェン | 活発でいたずらっ子・おとなしくてはにかみや |

「会話13」のテーマは，人の性格をいいあらわす表現です。"活泼 (huópo)" と "老实 (lǎoshi)"，"淘气 (táoqì)" と "腼腆 (miǎntian)"，どれも単独で使えます。さてこの双子は，一方は "外向 (wàixiàng ワイシャン)"，もう一方は "内向 (nèixiàng ネイシャン)"。正反対のようです。

いろいろな表現

A：你们的老师是怎么样的人？
Nǐmen de lǎoshī shì zěnmeyàng de rén?
あなたの先生ってどんな人？

B：他是个很认真的人。
Tā shì ge hěn rènzhēn de rén.
とってもまじめな人です。

＊"认真"は「まじめ」。"他是个～"の"个"は"一个"の意味。

A：你喜欢什么样的女孩子？
Nǐ xǐhuān shénmeyàng de nǚháizi?
どんなタイプの女の子が好き？

B：当然是温柔，体贴的。
Dāngrán shì wēnróu, tǐtiē de.
もちろんやさしくて思いやりのある人。

＊男性が求める女性像は，どこの国でも"一样"。

A：新来的毕业生工作怎么样？
Xīnlái de bìyèshēng gōngzuò zěnmeyàng?
こんどの卒業生，仕事ぶりはどうだね？

B：很努力，是个不错的青年。
Hěn nǔlì, shì ge búcuò de qīngnián.
とても頑張っていて，りっぱな青年だ。

A：你的上司很有能力吧？
Nǐ de shàngsi hěn yǒu nénglì ba?
あなたの上司はよくできる人でしょう？

B：是呀。他又聪明又能干。
Shì ya. Tā yòu cōngmíng yòu nénggàn.
そうです。頭が良くて，やり手です。

＊"又～又…"は，「～でまた…」と並べていうときのいい方。また"是啊""是呀"はどちらもいうことができます。

「どんな人ですか」（人の性格について語る）

「会話13」では人の性格について話題にしてきました。恋人・上司・自分について語り，コミュニケーションをもりあげてもらいたいものです。

性　質	態　度	能　力
活泼 huópo フオポオ 活発	认真 rènzhēn レンチェン まじめ	有能力 yǒunénglì ヨウノンリイ 能力がある
老实 lǎoshi ラオシイ おとなしい	热情 rèqíng ルウチン 親切な	精通 jīngtōng ジントン 精通している
淘气 táoqì タオチイ いたずらっ子	积极 jījí ジイジイ 積極的	能干 nénggàn ノンガン よくできる
腼腆 miǎntian ミェンテェン はにかみや	体贴 tǐtiē テイティエ 思いやりのある	优秀 yōuxiù ヨウシュウ 優秀
温柔 wēnróu ウエンロウ やさしい	关心 guānxīn グアンシン 気にかける	熟练 shúliàn シュウレェン 熟練している
开朗 kāilǎng カイラン ほがらか	刻苦 kèkǔ カァクゥ 苦労する	出色 chūsè チュウスゥ すばらしい

会話 14

がっかりしないでね。

别灰心。别泄气。

小林　你 怎么 了？
　　　nǐ zěnme le

小张　我 的 隐形眼镜 丢 了。
　　　wǒ de yīnxíngyǎnjìng diū le

小林　别 着急， 好好儿 找一找。
　　　bié zhāojí hǎohāor zhǎoyizhǎo

小张　我 都 找过 了， 可是 没有。
　　　wǒ dōu zhǎoguò le kěshì méiyǒu

小林　别 灰心， 会 找到 的。
　　　bié huīxīn huì zhǎodào de

林くん　どうしたの？
張さん　コンタクトレンズなくしちゃったの。
林くん　あわてないで，よくさがしてみなよ。
張さん　いろいろさがしたんだけど，ないの。
林くん　がっかりしないで，みつかるよ。

74 ◆ qīshisì

| 我的 隐形眼镜 丢了 | コンタクトレンズなくしちゃったの |
| ウォ ダ インシンイエンジンデューラ | |

"丢了（diū le）"でものをなくしてしまったことを表現できます。あなたが何かなくしたとしたら、このフレーズを思い出してください。

| 好好儿 找一找 | よくさがしてみなよ |
| ハオハオル ジャオイジャオ | |

"好好儿（hǎohāor）"は「よく・ちゃんと」の意味で、会話でよく使います。"你好好儿休息（xiūxi シュゥシィ）"なら「ゆっくりお休みなさい」ということ。"找一找（zhǎoyizhǎo）"は動詞を重ねた形。

| 我 都 找过 了 | いろいろさがしてみた |
| ウォ ドウ ジャオグオ ラ | |

"我找过（wǒ zhǎoguò ウォ ジャオグオ）"の"过（guò）"は「～したことがある」という経験をあらわします。たとえば"我去过上海（shànghǎi シャンハイ）"なら「上海に行ったことがある」という意味になります。"都（dōu）"は「すべて」を意味する副詞です。

| 别 灰心 | がっかりしないでね |
| ビエ フイシン | |

人をなぐさめたりはげましたりするいい方をマスターしましょう。この会話では、"别灰心（bié huīxīn）"（がっかりしないで）と"别着急（bié zhāojí ビエ ジャオジィ）"（あわてないで）の2つの表現がでています。

| 会 找到 的 | みつかるよ |
| フイ ジャオダオ ダ | |

これも元気づけるいい方。"会（huì）"は「～できる」という実現の可能性を示します。"找＋到"で「みつかる」。ほかに"看到（kàndào カンダオ）"（みえる）"听到（tīngdào ティンダオ）"（きこえる）など、"到"は行為が達成できることをあらわします。

qīshiwǔ ◆ 75

いろいろな表現

A：我试了好几次，都不行。
Wǒ shì le hǎo jǐcì, dōu bù xíng.
何回もやってみたけど，だめでした。

B：别泄气，还有机会。
Bié xièqì, hái yǒu jīhuì.
気を落とさないで，また機会がありますよ。

＊ "别泄气" は "别灰心" とおなじ。

A：这么难，我想放弃了。
Zhème nán, wǒ xiǎng fàngqì le.
こんなにむずかしいならやめたいな。

B：你会成功的。加油吧。
Nǐ huì chénggōng de. Jiāyóu ba.
成功するよ。がんばりなよ。

＊ "加油"（がんばる）もよく使う表現です。

A：医生，我的腿能走吗？
Yīshēng, wǒ de tuǐ néng zǒu ma?
先生，わたしの足歩けるようになります？

B：你一定会治好的。
Nǐ yídìng huì zhì hǎo de.
きっとなおりますよ。

＊ "一定会～的" は「きっと～するでしょう」をあらわす形。

A：最近连续加班太累了。
Zuìjìn liánxù jiābān tài lèi le.
最近残業つづきで，疲れたよ。

B：你辛苦了，请多注意身体。
Nǐ xīnkǔ le, qǐng duō zhùyì shēntǐ.
ごくろうさま，体に気をつけて。

＊ "你累不累？" といえば「疲れたでしょう？」，"你辛苦了" は「お疲れさま」。

「〜がっかりしないでね」（なぐさめたりはげましたりする）

いつでも気持ちを共有しあうのが本当の友人。場面に応じて，"別灰心""加油吧"など学習した「はげましの言葉」を使ってみてください。

别着急 (bié zhāojí ビエ ジャオジイ)。	あわてないで
别灰心 (bié huīxīn ビエ フイシン)。 别泄气 (bié xièqì ビエ シエチイ)。	がっかりしないで
加油吧 (jiāyóu ba ジャアヨウ バ)。	がんばって
你辛苦了 (nǐ xīnkǔ le ニイ シンクウ ラ)。	ごくろうさま
还有机会 (hái yǒu jīhuì ハイ ヨウ ジイフイ)。	また機会がありますよ
你一定会〜的 (nǐ yídìng huì〜de)。 (ニイ イーディンフイ ダ)	きっと〜しますよ

江南水郷の風景

会 话 15

意見をきかせてください。

能不能谈一谈你的意见？

记者 对不起， 我 是 新华社 的 记者。
　　　duìbuqǐ　　wǒ　shì　xīnhuáshè　de　jìzhě
　　　ディブ**チ**ィ　ウオ　シイ　シンフアシャ　ダ　ジイジャ

　　　对于　　大学生　　打工　　问题，
　　　duìyú　　dàxuéshēng　dǎgōng　wèntí
　　　ドゥイユー　ダアシュエション　ダアゴン　ウェン**テ**ィー

　　　能不能　　谈一谈　　您　　的　　意见？
　　　néngbunéng　tányitán　nín　de　yìjian
　　　ノンブウノン　**タ**ンイ**タ**ン　ニン　ダ　イージェン

小张 我　认为　能　增长　社会知识，开阔
　　　wǒ　rènwéi　néng　zēngzhǎng　shèhuìzhīshi　kāikuò
　　　ウオ　レンウェイ　ノン　ツォンジャン　シャアフイジイシィ　**カイク**オ

　　　视野， 是　很　好　的　事。
　　　shìyě　shì　hěn　hǎo　de　shì
　　　シイイエ　シイ　ヘン　ハオ　ダ　シイ

記者　すみません，わたくし「新華社」の記者ですが，
　　　大学生のアルバイトの問題について，
　　　ご意見をおきかせください。
張さん　わたしは，社会的知識をふやし，視野を広げるので，
　　　とてもよいことだと思っています。

| 我 是 新华社 的 记者 | わたくし「新華社」の記者です |

これは街頭での"采访（cǎifǎng ツァイファン）"（インタビュー）の場面です。"新华社"は"通讯社（tōngxùnshè トンシンシャ）"（通信社）。またテレビ局は"电视台（diànshìtái デェンシタイ）"といいます。

| 对于 大学生 打工 问题 | 大学生のアルバイトの問題について |

「～について」といいたいとき，"对于（duìyú）"ではじめます。この語順に注意しましょう。このほか"关于（guānyú グアンユー）"（～にかんして）という表現もあり，同様な使い方ができます。

| 能不能谈一谈 您 的 意见 | ご意見をおきかせください |

"能不能谈一谈您的意见（néngbunéng tányitán nín de yìjian）"は人に考えや思いをきくいい方のひとつです。"(你) 能不能～"の形は，すでに「会話4」で勉強しましたね。"谈一谈"は「ちょっと話してください」という意味。動詞を重ねるのは中国語によくみられます。

| 我 认为 | ～と思います |

「どう思うか」ときかれたとき，この"认为（rènwéi）"は確信のあるときの，きっぱりとした意見の述べ方です。このほか"我想""我觉得（juéde ジュエダ）"などを使ったいい方があります。

| 能 增长 社会知识 | 社会的知識をふやすことができる |

"增长（zēngzhǎng）"は"今年的出口额（chūkǒué チュウコウアー）比（bǐ ビィ）去年增长了百分之二十"（今年の輸出額は去年にくらべて20%増加した）というような使い方ができます。

いろいろな表現

A：北京 的 生活 怎么样？
ベイジン ダ ションフオ ツェンマヤン

B：我 觉得 还 可以。
ウオ ジュエダ ハイ カアイー

Běijīng de shēnghuó zěnmeyàng?
北京でのくらしはどうですか？

Wǒ juéde hái kěyǐ.
まあまあだと思います。

＊"怎么样？"（どうですか？）は，人の考えをきく基本。"还可以"は日本語の「まあまあ」に相当する便利な表現。

A：关于 买 公寓 的 事,
グアンユー マイ ゴンユー ダ シイ
你 怎么 想？
ニイ ツェンマ シャン

B：太 贵 了。以后 再 说 吧。
タイ クイ ラ イーホウ ザイ シュオ バ

Guānyú mǎi gōngyù de shì, nǐ zěnme xiǎng? アパートを買うことについて，どう思う？

Tài guì le. Yǐhòu zài shuō ba.
高すぎますよ。また今度にしましょう。

＊"以后再说"はこたえを保留したいときのいい方です。

A：请你 谈谈 这次 会议 的 感想。
チン ニイ タンタン チャアツウ フイイー ダ ガンシャン

B：我 认为 效果 很 好。
ウオ レンウエイ シャオグオ ヘン ハオ

Qǐng nǐ tántan zhècì huìyì de gǎnxiǎng.
今度の会議の感想をお話しください。

Wǒ rènwéi xiàoguǒ hěn hǎo.
結果は上々であったと思います。

A：对于 美国 的 政治,
ドゥイユー メイグオ ダ チョンジイ
你 有 什么 意见？
ニイ ヨウ シェンマ イージェン

B：这个 问题 很 难, 不 好 回答。
チェイガ ウェンティー ヘン ナン ブウ ハオ フイダア

Duìyú měiguó de zhèngzhì, nǐ yǒu shénme yìjian? アメリカの政治についてどんな意見がありますか。

Zhèige wèntí hěn nán, bù hǎo huídá.
難しい問題なので，うまく答えられません。

＊これはうまく答えられないときのいい方です。

「意見をきかせてください」（意見のきき方とのべ方）

「会話15」では意見のきき方をとりあげました。自分ではうまく意見がいえないにしても，会話の上達のためには，人の意見をきくことがとても大切です。

怎么样？	zěnmeyàng（ツェンマヤン）	どうですか？
你怎么想？	nǐ zěnme xiǎng（ツェンマ　シャン）	どう思いますか？
你有什么看法？	nǐ yǒu shénme kànfǎ（カンファ）	どんな見方がありますか？

能不能　谈一谈　你　的　意见？
néngbunéng　tányitán　nǐ　de　yìjiàn
ノンブウノン　**タンイタン**　ニイ　ダ　イージェン

意見をきかせください

⬇

我想～	wǒ xiǎng（ウオ　シャン）	～と思う
我觉得～	wǒ juéde（ウオ　ジュエダ）	～だと感じる
我以为～	wǒ yǐwéi（ウオ　イーウエイ）	（やや控えめな判断をする）
我认为～	wǒ rènwéi（ウオ　レンウエイ）	（きっぱりと判断する）

Track 30　中国のなぞなぞ⑨　ナーンだ？
看看没有，摸摸倒有，像冰不化，像水不流。
（見るとないようで，さわるとある。氷のようで溶けず，水のようで流れないものなんだ。）　⇨なぞなぞ⑩（p.89）へ
（⑧のこたえ：めがね・やかん）

会话 16

忙しそうだね！

你好像很忙啊！

小林　最近 你 好像 很 忙 啊！
　　　zuìjìn nǐ hǎoxiàng hěn máng a

小张　是 啊。 我 正在 学习 气功。
　　　shì a wǒ zhèngzài xuéxí qìgōng

小林　听说 气功 能 治 许多 病， 是 吗？
　　　tīngshuō qìgōng néng zhì xǔduō bìng shì ma

小张　对 呀， 这 是 有 科学道理 的。
　　　duì ya zhè shì yǒu kēxuédàolǐ de

小林　也许 吧。
　　　yěxǔ ba

林くん　最近すごく忙しいみたいだね。
張さん　そうよ。わたしいま気功をならってるの。
林くん　気功はいろんな病気をなおせるっていうけど，本当？
張さん　そうよ，科学的根拠があるのよ。
林くん　かもね。

你好像很忙	すごく忙しいみたいだね
ニイハオシャンヘン マン	

「ようだ」「みたいだ」を意味する"好像（hǎoxiàng）"。"A好像B"。あるいは"A好像B似的"のように，後ろに"似的（sìde シイダ）"（似ている）をつけていうことが多くあります。"忙（máng）"は"你忙不忙？"（いそがしいの？）など，よく使うことば。

我正在学习气功	わたしはいま気功をならってるの
ウオチョンザイシュエシイ チイゴン	

「いまちょうど～しているところ」といいたいとき"正在（zhèngzài）"で表現します。"我正在学习中文（zhōngwén チョンウエン）"（いま中国語を勉強しているところです）。

听说气功能治许多病	気功はいろいろな病気をなおせるそうです
ティンシュオチイゴンノンジイシュドゥオビン	

ここでは"听说（tīngshuō）"に注目してください。ある情報が，人からきいたことやうわさであるとき，この"听说"（～だそうです）を始めにつけていいます。またこの文で"能（néng）"は「～することができる」，"治（zhì）"は「なおす」，"许多（xǔduō）"は「たくさんの」の意味。

这是有科学道理的	科学的根拠があるのよ
チャアシイ ヨウカアシュエダオリイ ダ	

"这是有科学道理的"の"是～的"とは「科学的根拠があるものなんです」と説得する口調です。

也许吧	かもね
イエシュ バ	

ここで"也许（yěxǔ）"は「～かもしれない」という半信半疑の気持ちをあらわします。ふつう副詞として使います。"我也许去，也许不去"（行くかもしれないし行かないかもしれない）。

いろいろな表現

A：你的论文写完了吗？
Nǐ de lùnwén xiě wán le ma?
論文，書き終わった？

B：差不多完了。
Chàbuduō wán le.
だいたい終わった。

＊"差不多"は，ある程度に達したときに使う「だいたい」の意味。

A：从成田到北京要多少时间？
Cóng Chéngtián dào Běijīng yào duōshao shíjiān? 成田から北京までどのくらい時間がかかりますか？

B：大概要3个小时。
Dàgài yào sān'ge xiǎoshí.
およそ3時間です。

＊"大概"は「約」「おおよそ」。

A：谢经理去哪儿了？
Xiè jīnglǐ qù nǎr le?
謝社長はどこに行かれました？

B：她可能出差了。
Tā kěnéng chūchāi le.
たぶん出張にでられたのでしょう。

＊だれかが何かをした可能性がある場合は"可能"。"出差"は出張のこと。

A：前面好像堵车了。
Qiánmian hǎoxiàng dǔchē le.
先のほうで渋滞しているようです。

B：那我在这儿下车吧。
Nà wǒ zài zhèr xiàchē ba.
ならば私はここで降りましょう。

＊北京や上海の道路はよく"堵车"します。

😊 「忙しそうだね」（推量表現をマスターしよう）

「たぶん」「だいたい」「〜でしょう」をあらわす中国語には，これまででてきたように"好像""可能""恐怕（kǒngpà コンパァ）""也许""大概""差不多"の6つがありますが，それぞれニュアンスがちがいます。まとめておきましょう。

好　像 (hǎoxiàng ハオシャン)	〜みたいだ，〜に似ている
可　能 (kěnéng カァノン)	〜の可能性がある
恐　怕 (kǒngpà コンパァ)＊	よくないことがあるかもしれない
也　许 (yěxǔ イエシュ)	わからないけど〜かもしれない
大　概 (dàgài ダアガイ)	おおよそ，大まかにいえば
差不多 (chàbuduō チャアブドゥオ)	〜にちかい，〜と違いがない

＊"他恐怕（kǒngpà コンパァ）不来"（彼は来ないかもしれない）は，彼が来ないのではないかと不安なときに使います。

かわいい幼稚園児

bāshiwǔ

会话 17

せっかく買ったのに。

Track 32 我好不容易买的。

小林 这 星期六 时装表演 的 票,
　　　zhè xīngqīliù shízhuāngbiǎoyǎn de piào
　　　チャア シンチリュウ シイジュアンビャオイエン ダ ピャオ

　　　我 买 来 了！
　　　wǒ mǎi lái le
　　　ウオ マイ ライ ラ

小张 星期六？ 你 搞 错 了 吧。
　　　xīngqīliù nǐ gǎo cuò le ba
　　　シンチリュウ ニイ ガオ ツオ ラ バ

　　　我 要 的 是 星期天 的。
　　　wǒ yào de shì xīngqītiān de
　　　ウオ ヤオ ダ シィ シンチテェン ダ

小林 什么？ 我 好不容易 买 的。
　　　shénme wǒ hǎoburóngyì mǎi de
　　　シェンマ ウオ ハオブロンイー マイ ダ

小张 对不起, 再 辛苦 一趟 吧！
　　　duìbuqǐ zài xīnkǔ yítàng ba
　　　ディブチイ ザイ シンクウ イータン バ

林くん　今度の土曜日のファッションショーのチケット、買ってきたよ！
張さん　土曜日ですって？　林くんまちがえたでしょ。
　　　　わたしがほしいのは，日曜日のよ。
林くん　なんだって？　ボクがせっかく買ったのに。
張さん　ごめんなさい，もう1度ご足労願うわ！

86 ◆ bāshiliù

| 我 买 来 了 | 買ってきたよ |
| ウオ マイ ライ ラ | |

"买（mǎi）＋来（lai）"で「買ってくる」。"来"はこのように動詞のあとにつけて「～てくる」の意味をあらわすことができます。

| 你 搞 错 了 | あなたまちがえたでしょ |
| ニイ ガオ ツオ ラ | |

"搞（gǎo）"は「する・やる」で英語の"do"みたいな動詞。"搞错（gǎo cuò）"で「まちがえる」。

| 我 要 的 是 星期天 的 | わたしがほしいのは、日曜日のよ |
| ウオ ヤオ ダ シィ シンチテェン ダ | |

"我要的票"といえば「わたしがほしいチケット」。"我要的"で「わたしがほしいの」。したがってこのフレーズは"我要的(票)是星期天的(票)。"「わたしがほしいチケットは日曜日のチケットです」ということ。"的"の用法をマスターしましょう。

| 我 好不容易 买 的 | ボクがせっかく買ったのに |
| ウオ ハオ ブロンイー マイ ダ | |

怒っている林くん。「会話17」では「文句をいう方法」を身につけましょう。"好不容易（hǎoburóngyì）"は「せっかく～したのに」という表現。同じ表現に"好容易（hǎoróngyì ハオロンイー）"（せっかく～したのに）があります。

| 再 辛苦 一趟 吧！ | もう1度ご足労願うわ！ |
| ザイ シンクウ イータン バ | |

"辛苦（xīnkǔ）"は「苦労する」という意味で動詞です。"一趟（yítàng）"は「1回」という回数をあらわすことばで、"我到青岛（qīngdǎo チンダオ）去一趟吧！"（1度チンタオに行ってくるか）のように使います。

いろいろな表現

A：你 怎么 不 吃 呢？
Nǐ zěnme bù chī ne?
どうして食べないの？

我 好容易 做 的。
Wǒ hǎoróngyì zuò de.
せっかく作ったのに。

＊"好容易"に「容易である」という意味はありません。「せっかく～したのに」。

A：我 昨天 刚 买 的 就 坏 了。
Wǒ zuótiān gāng mǎi de jiù huài le.
買ったばかりなのにこわれちゃったよ。

B：那 我 给 你 换 一下 吧。
Nà wǒ gěi nǐ huàn yíxià ba.
じゃあとりかえてあげましょう。

＊"刚"は「～したばかり」。"就"は「すぐに」。

A：为什么 洗澡间 没有 热水 呢？
Wèishénme xǐzǎojiān méiyǒu rèshuǐ ne?
どうしてお風呂のお湯がでないんですか？

B：对不起，马上 修理。
Duìbuqǐ, mǎshàng xiūlǐ.
すみません，すぐに修理します。

A：等 了 好 半天 却 没 来。
Děng le hǎo bàntiān què méi lái.
ずっと待っているのに，来ませんね。

B：怎么 回 事儿 呢？
Zěnme huí shìr ne?
どうしたことでしょう？

＊"半天"は本来「半日」という意味ですが，"等了好半天"で「ずっと待っていた」という意味になります。"却"は「～のに」。話し手の予想に反するときに使います。

「せっかく～したのに」（文句・苦情はどういうの？）

不都合なことに対して苦情をいうのは、生活していくうえでとても大切なこと。
中国語で文句をいうためのストラテジーを考えてみましょう。

ステージ1　おこった事態を（強い調子で）説明する。

太～了！ (tài~le タイ～ラ)	声音太大了！	音が大きすぎますよ
没有～！ (méiyǒu メイヨウ)	洗澡间没有热水！	お風呂のお湯がでませんよ

ステージ2　「どうして～なの？」と反問する。

怎么(不)～呢？ (zěnme bù~ne)	她怎么不在呢？	彼女どうしていないの
怎么(没有)～呢？ (zěnme méiyǒu~ne)	怎么没有房间呢？	どうして部屋がないの

＊　"为什么(不／没有)～呢？"といっても同じこと。

ステージ3　文句のフレーズを使う。「せっかく～のに！」

却 (què チュエ)	等了好半天却没来！	ずっと待ったのに来ない
好(不)容易 (hǎo bu róngyì)	我好不容易来的！	せっかく来たのに

Track 33　中国のなぞなぞ⑩　ナーンだ？
老师学问大，平时不说话，有字不认识，请你去问他。
（先生は学があるが、いつもは話をしない。もし知らない字があれば、その先生にたずねなさい。）　⇨こたえは101ページ
（⑨のこたえ：ガラス）

bāshijiǔ ◆ 89

会话 18

「春聯」ってなんのこと？

Track 34   什么叫"春联"？

外国客人　马上 要 到 春节 了。
　　　　　mǎshàng yào dào chūnjié le

　　　　　听说 中国 的 春节 很 热闹。
　　　　　tīngshuō zhōngguó de chūnjié hěn rè'nao

小张　　　是 啊，有 许多 有意思 的 风俗习惯。
　　　　　shì a yǒu xǔduō yǒuyìsi de fēngsúxíguàn

　　　　　比如 包 饺子、贴 春联 等等。
　　　　　bǐrú bāo jiǎozi tiē chūnlián děngdeng

客人　　　欸，贴 什么？
　　　　　éi tiē shénme

小张　　　贴 春联。
　　　　　tiē chūnlián

客人 什么 叫 "春联"?
shénme jiào "chūnlián"
シェンマ ジャオ チュンレェン

小张 就是 为了 避邪 贴 在 门 两旁 的
jiùshì wèile bìxié tiē zài mén liǎngpáng de
ジュウシ ウエイラ ビイシエ ティエ ザイ メン リャンパン ダ

红纸。在 纸 的 上面, 写 一些 吉祥
hóngzhǐ zài zhǐ de shàngmian xiě yìxiē jíxiáng
ホンジイ ザイ ジイ ダ シャンメン シエ イーシエ ジイシャン

的 话。
de huà
ダ フア

客人 是 吗? 那 我 一定 要 亲眼 看看。
shì ma nà wǒ yídìng yào qīnyǎn kànkan
シイ マ ナア ウオ イーディン ヤオ チンイエン カンカン

外国からのお客	もうすぐ春節がきますね。 中国の春節はとてもにぎやかだそうですね。
張さん	ええ,いろいろおもしろい風俗習慣がありますよ。たとえば,餃子を作ったり,春聯をはったりします。
お客	えっ,何をはるんですって?
張さん	春聯をはるんです。
お客	『春聯』ってなんのことですか?
張さん	つまり魔よけのために,門の両側にはる赤い紙のことです。紙の上にはおめでたいことを書くんですよ。
お客	そうですか,ではわたしも必ず自分の目で見てみたいですね。

jiǔshiyī ◆ 91

马上 要 到 春节 了	もうすぐ春節がきますね
マアシャンヤオ ダオチュンジェラ	

「もうすぐ〜する」という意味で，"马上(就)要〜了"はよく使うフレーズ。"新学期（xīnxuéqī シンシュエチー）马上就要开始了"（もうすぐ新学期が始まります）。

有 许多 〜	〜がたくさんあります
ヨウシユドゥオ	

"许多（xǔduō）"は「たくさん」のこと。物事を説明するときに"有许多〜"（〜がたくさんある）はぜひ覚えておきたいフレーズ。

比如包饺子、贴 春联 等等	たとえば，餃子をつくったり，春聯をはったりなどです
ビイルウバオジャオズ ティエチュンレンドンドン	

"比如（bǐrú ビイルゥ）"は「たとえば〜」と例をあげていう表現。後ろに「などなど」を意味する"等等（děngdeng ドンドン）"をしばしばともないます。

什么 叫 "春联"？	『春聯』ってなんのことですか？
シェンマジャオチュンレン	

「会話18」のテーマは「きき返し」。わからないことばをきき返すことはコミュニケーションの大切なテクニックです。"什么叫（shénme jiào）〜？"（〜ってなんのこと）など，わからない部分に"什么"をおいて，きき取れなかった所をあきらかにします。

就是 为了〜 贴在 …的 红纸	つまり〜のために…にはる赤い紙のことです
ジュウシィウエイラ ティエザイ ダ ホンジイ	

"就是（jiùshì）〜"は「つまり〜です」と説明を加えるときの表現。"为了（wèile）〜"は「〜のために」の意味。全体としてこのフレーズは"就是红纸。"（つまり赤い紙です）の"红纸"の部分に長い修飾語がついていると考えられます。

いろいろな表現

A：明天　上午　10点　25分　集合。
ミンテェン　シャンウー　シーディエン　アルシウーフェン　ジイハア

Míngtiān shàngwǔ shí diǎn èrshiwǔ fēn jíhé. 明日の午前10時25分に集合です。

B：10点　几分？
シイデェン　ジイフェン

Shídiǎn jǐfēn？
10時何分ですって？

＊"几"（いくつ）を使ったきき返し方。

A：坐在 刘新　旁边　的是 明星。
ツオ ザイ リュウシン パンビェン ダ シイ ミンシン

Zuò zài liúxīn pángbiān de shì míngxīng.
劉新のとなりに座っているのはスターですよ。

B：欸，　谁　的　旁边？
エイ　シュイ　ダ　パンビェン

Éi, shuí de pángbiān？
えっ、だれのとなりだって？

＊"谁"（だれ）を使ったきき返し方。

A：一共 是 一百三十六　块　九毛。
イーゴン シ イーバイサンシリュウ クアイ ジュウ マオ

Yígòng shì yìbǎisānshíliù kuài jiǔ máo. 全部で136元9毛です。

B：多少？请 再　说　一遍。
ドゥシャオ チン ザイ シュオ イービェン

Duōshao？Qǐng zài shuō yíbiàn.
いくらですって？もう一度いってください。

＊"请再说一遍"（もう一度いってください）は大切なフレーズ。

A：剪子 在 右边　的　抽屉　里。
ジェンズ ザイ ヨウビェン ダ チョウティ リイ

Jiǎnzi zài yòubian de chōuti lǐ.
はさみは右側のひきだしの中です。

B：什么？在 哪儿？我 没 听 清楚。
シェンマ ザイ ナアル ウオ メイ ティン チンチュウ

Shénme？Zài nǎr？Wǒ méi tīng qīngchu.
何？どこ？はっきりきこえなかった。

＊"没听清楚"の"清楚"は「はっきりと」の意味です。

会話 19

熱烈に歓迎いたします！

表示热烈的欢迎！

小张: 尊敬的以田中先生为首的代表团的各位朋友们，你们好。今天你们为进一步加深双方的交流，不远万里来中国访问。首先我谨向代表团的各位代表们表示热烈的欢迎，并祝你们的访问圆满成功。

zūnjìng de yǐ tiánzhōng xiānsheng wéi shǒu de dàibiǎotuán de gèwèi péngyǒumen nǐmen hǎo. Jīntiān nǐmen wèi jìnyíbù jiāshēn shuāngfāng de jiāoliú, bùyuǎnwànlǐ lái zhōngguó fǎngwèn. Shǒuxiān wǒ jǐn xiàng dàibiǎotuán de gèwèi dàibiǎomen biǎoshì rèliè de huānyíng, bìng zhù nǐmen de fǎngwèn yuánmǎn chénggōng.

張さん　尊敬する田中先生をはじめとする代表団のみなさま，こんにちは。今日みなさまは，相互交流をさらに深めるために，遠路はるばる中国をご訪問されました。まずわたくしはつつしんで，代表団のみなさまに対して，熱烈歓迎申しあげますとともに，みなさまのご訪問が，円満に成功なさいますようお祈り申しあげます。

| 以 田中 先生 为 首 的 代表团
イーデェンチョンシェンションウェイショウ ダ ダイビャオトゥアン | 田中先生をはじめとする代表団 |

"以（yǐ イー）〜为（wéi ウェイ）…"で「〜をもって…となす」。漢文を勉強した人ならこの形はわかるはず。〜の部分にいろいろな人名を入れて応用してください。

| 为 进一步 加深 双方 的 交流
ウエイジンイーブウジャシェンシュアンファン ダ ジャオリュウ | 相互交流をさらに深めるために |

"为（wèi）"「〜するために」は，前に学んだ"为了（wèile ウェイラ）"と同じ。"加深交流（jiāshēn jiāoliú ジャシェン ジャオリュウ）"（交流を深める）も，スピーチの席でよく使われるフレーズです。

| 我 谨 向 代表团
ウオジンシャンダイビャオトゥアン | わたしはつつしんで代表団に対して |

"谨（jǐn）"（つつしんで），これをいれることによって，へりくだったていねいな表現となります。"我谨代表全体团员〜"（わたしはつつしんで団員全員を代表し〜）。"向（xiàng）"は「〜に対して」の意味で，"对"と同じ使い方をします。

| 不 远 万 里
ブウユアンワンリイ | 遠路はるばる |

スピーチではこうした四字熟語が格調を加えます。"不远万里而来"（万里遠くとせず来る）。このほか"千里迢迢（qiānlǐtiáotiáo チェンリティャオティャオ）"（千里はるばる）も同様のことば。

| 表示 热烈 的 欢迎
ビャオシイルウリエ ダ フアンイン | 熱烈に歓迎いたします |

"表示（biǎoshì）"は歓迎，感謝などをあらわすときに大切な動詞です。スピーチの場面では，"表示欢迎"のほか"表示衷心的感谢（zhōngxīn de gǎnxiè チョンシン ダ ガンシエ）"（心より御礼申しあげます），"表示热烈的祝贺"（熱烈にお祝い申しあげます）などの表現を覚えておくとよいでしょう。

いろいろな表現

A：亲爱 的 各位 来宾，　　Qīn'ài de gèwèi láibīn,
　　　　　　　　　　　　　親愛なるご来賓のみなさま，

　　你们 好！　　　　　　　nǐmen hǎo!
　　　　　　　　　　　　　こんにちは！

＊"尊敬的、亲爱的"ともにスピーチのでだしでよく使うことば。

A：尊敬 的 在座 的 女士们、　Zūn jìng de zàizuò de nǚshìmen、
　　　　　　　　　　　　　　尊敬するご在席の紳士淑女のみなさま，

　　先生们，你们 好！　　　　xiānshengmen, nǐmen hǎo!
　　　　　　　　　　　　　　こんにちは！

＊「ご在席の～」は"在座的～"。"女士们、先生们"は"Ladies and Gentlemen"。

A：你们 在 百忙 中 出席 会议，　Nǐmen zài bǎimáng zhōng chūxí huìyì,
　　　　　　　　　　　　　　　ご多忙の中会議にご出席いただきまして，

　　我们 感到 非常 荣幸。　　　wǒmen gǎndào fēicháng róngxìng.
　　　　　　　　　　　　　　　非常に光栄に思います。

＊"在百忙中"（お忙しい中）もよく使う表現。

A：对于 你们 的 光临，　　Duìyú nǐmen de guānglín,
　　　　　　　　　　　　　みなさまのご光臨にたいして，

　　我们 感到 由衷 的 喜悦。　wǒmen gǎndào yóuzhōng de xǐyuè.
　　　　　　　　　　　　　　心から喜びを感じるものであります。

＊喜びをあらわすことば，歓迎の1つの方法です。

😊 「熱烈に歓迎します」（スピーチでのあいさつのことば①）

最後に，「会話19」「会話20」の2つの会話にわけてあいさつのことばを研究してみましょう。難しそうに感じられるスピーチも，決まったフォームがあることがわかります。下に示すのはその典型的なものです。

---

1. 尊敬する
    尊敬的 (zūnjìng de)
    ツンジン ダ

2. 〜さまをはじめとする
    以〜先生为首的 (yǐ〜xiānsheng wéi shǒu de)
    イー シェンション ウエイ ショウ ダ

3. 友人のみなさま
    各位朋友们 (gèwèi péngyǒumen)
    ガアウエイ ポンヨウメン

4. みなさまは〜のために…を訪問され
    你们为〜来…访问 (nǐmen wèi 〜 lái ... fǎngwèn)
    ニイメンウエイ ライ ファンウエン

5. わたしはつつしんで〜を代表し
    我谨代表 (wǒ jǐn dàibiǎo)
    ウオ ジン ダイビャオ

6. 熱烈に歓迎いたします
    表示热烈的欢迎 (biǎoshì rèliè de huānyíng)
    ビャオシ ルウリエ ダ フアンイン

天壇公園の夕ぐれ

会話 20

友情に乾杯しましょう！

为我们的友谊干杯！

田中： 今天 为 我们 举行 如此 盛大 的 欢迎 宴会，请 允许 我 代表 全体 团员，表示 衷心 的 感谢。
jīntiān wèi wǒmen jǔxíng rúcǐ shèngdà de huānyíng yànhuì qǐng yǔnxǔ wǒ dàibiǎo quántǐ tuányuán biǎoshì zhōngxīn de gǎnxiè.

小张： 最后 让 我们 共同 举杯，为 我们 的 友谊 和 健康 干杯！
zuìhòu ràng wǒmen gòngtóng jǔbēi, wèi wǒmen de yǒuyì hé jiànkāng gānbēi!

田中　今日はわたくしどものためにこのような盛大な歓迎宴会を催していただきまして，わたくしが全団員を代表して，心から感謝の意を表しますことをどうかお許しください。

張さん　最後にごいっしょに乾杯させていただきたいと思います。わたしたちの友情と健康のために乾杯！

| 举行 如此 盛大 的 欢迎 宴会 | このような盛大な歓迎宴会を催して |

"举行(jǔxíng)"は宴会，婚礼，会談などを開くときの動詞。"如此(rúcǐ)"は「このような・このように」の意味となります。

| 请允许 我 代表 全体 团员 | わたくしが団員全員を代表することをお許しください |

"请允许我（qǐng yǔnxǔ wǒ）〜"で「わたしが〜するのをお許しください」という意味をあらわすものとして覚えると便利です。「会話19」の"我谨〜"「わたしはつつしんで〜します」と同様のへりくだったいい方です。"允许"は「許す・認める」の意味です。

| 表示 衷心 的感谢 | 心から感謝の意をあらわします |

"衷心（zhōngxīn）"は「心からの」ということ。"由衷（yóuzhōng ヨウチョン）"（心からの），"深切（shēnqiè シェンチエ）"（心のこもった）など，同様な表現がいくつかあります。

| 让 我们 共同 举杯 | ごいっしょに乾杯させてください |

"让我们（ràng wǒmen）〜"は「会話10」で勉強したように「〜させてください」という形でした。"举杯（jǔbēi）"は「杯を挙げること」。そこで本文のようにいうことによって「ごいっしょに乾杯しましょう」とよびかけることができます。

| 为 我们的友谊和 健康 干杯！ | わたしたちの友情と健康に乾杯！ |

"为（wèi）〜干杯（gānbēi）！"（〜のために乾杯）。〜の部分には，"健康（jiànkāng）""幸福（xìngfú）""合作（hézuò）""交流（jiāoliú）""发展（fāzhǎn）"など，乾杯をするのにふさわしい，祝福のことばが入ります。

いろいろな表現

A：对于 你们 的 盛情款待，　　Duìyú nǐmen de shèngqíngkuǎndài,
　　　　　　　　　　　　　　　　　みなさまの心のこもったおもてなしに、

　　表示 深切 的 谢意。　　　　biǎoshì shēnqiè de xièyì.
　　　　　　　　　　　　　　　　　深く感謝の意をあらわします。

＊"盛情款待"は「心からのもてなし」という決まり文句。

A：为 我们 安排 这样 的 机会，　Wèi wǒmen ānpái zhèyàng de jīhuì,
　　　　　　　　　　　　　　　　　私たちにこのような機会をくださいまして、

　　再 一次 向 你们 表示 感谢。　zài yícì xiàng nǐmen biǎoshì gǎnxiè.
　　　　　　　　　　　　　　　　　あらためてみなさまに感謝を表します。

＊「あらためて~する」ときのいい方は、"再一次~"。

A：请 允许 我 借 主人 的 酒，　　Qǐng yǔnxǔ wǒ jiè zhǔrén de jiǔ,
　　　　　　　　　　　　　　　　　私がご主人の杯をおかりして、

　　为 我们 的 交流 日益发展　　wèi wǒmen de jiāoliú rìyìfāzhǎn
　　　　　　　　　　　　　　　　　私たちの交流が、益々発展しますように

　　干杯！　　　　　　　　　　　gānbēi!
　　　　　　　　　　　　　　　　　乾杯いたします。

＊"借主人的酒"は、招待されたものが乾杯の音頭を取るときにいうことば。

A：请 大家 举杯。　　　　　　　Qǐng dàjiā jǔbēi.
　　　　　　　　　　　　　　　　　みなさんグラスをお持ちください。

　　为 我们 的 合作 成功 干杯！　Wèi wǒmen de hézuò chénggōng gānbēi!
　　　　　　　　　　　　　　　　　私たちの合作の成功のために、乾杯。

＊"合作"とは、お互いの協力関係のこと。

「～に乾杯しましょう」（スピーチでのあいさつのことば②）

「会話19」にひきつづき，ここでは招待者の感謝のあらわし方と乾杯の音頭を中心にとりあげました。フォーマルな場面では，ていねいでへりくだった表現が多く使われることを理解されたことと思います。

1. わたしたちのために～してくださいまして
   为我们举行 (wèi wǒmen jǔxíng　ウエイ ウオメン ジユシン)～
   为我们安排 (wèi wǒmen ānpái　ウエイ ウオメン アンパイ)～

2. みなさまの～に対して
   对于你们的 (duìyú nǐmen de　ドゥイユー ニイメン ダ)～

3. 心から感謝したします
   表示衷心的感谢 (biǎoshì zhōngxīn de gǎnxiè)
   （ビャオシイ　チョンシン　ダ　ガンシエ）

4. 杯をおとりください
   请让我们共同举杯 (qǐng ràng wǒmen gòngtóng jǔbēi)
   （チン　ラン　ウオメン　ゴントン　ジュベイ）
   请允许我借主人的酒 (qǐng yǔnxǔ wǒ jiè zhǔrén de jiǔ)
   （チン　ユンシュ　ウオ　ジエ　ジュウレン　ダ　ジュウ）

5. ～のために乾杯
   为～干杯 (wèi～gānbēi　ウエイ～ガンベイ)！

雲南少数民族のおどり

（なぞなぞ⑩のこたえ：字典）

文 法（発音編）

1．声調

中国語は，単語を構成するすべての音節（すべての漢字）に，音の上げ下げ（トーン）をつけて，意味の弁別に役立てています。これを声調といい，次の4つのパターンに分かれています。（「中国語とは」の発音コーナー p.18～を参照してください。）

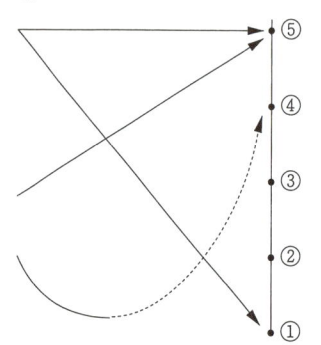

声調・符号	例
第1声　（-）	妈　**mā**（お母さん）
第2声　（´）	麻　**má**（あさ）
第3声　（ˇ）	马　**mǎ**（うま）
第4声　（`）	骂　**mà**（ののしる）

2．軽声

中国語には「四声」の他に，上下のトーンを失い，軽く短く発音される音があります。これを「軽声」といいます。「軽声」は前の音節の声調などによって，その高低が決まります。動詞の語尾，接尾語，語気詞，助詞などは，多く「軽声」になります。声調をあらわす拼音の符号はありません。

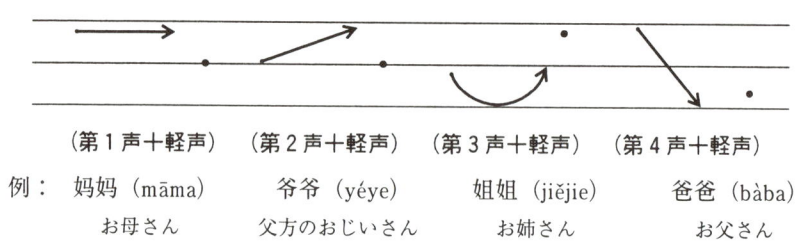

（第1声＋軽声）　（第2声＋軽声）　（第3声＋軽声）　（第4声＋軽声）

例：　妈妈（māma）　　爷爷（yéye）　　姐姐（jiějie）　　爸爸（bàba）
　　　お母さん　　　父方のおじいさん　　お姉さん　　　お父さん

3．変調

3-1．第3声は，他の3つの声調にくらべて音の長さが少し長いので，そのままで他の声調を続けて発音すると，全体のリズムがくずれることになります。

そこで第3声は，他の声調の前で声調のパターンを変化させます。これを変調といいます。後ろに第1声，第2声，第4声がきた場合は，前の第3声は半分の長さに（半3声），第3声がきた場合には，第2声に変えて発音します。

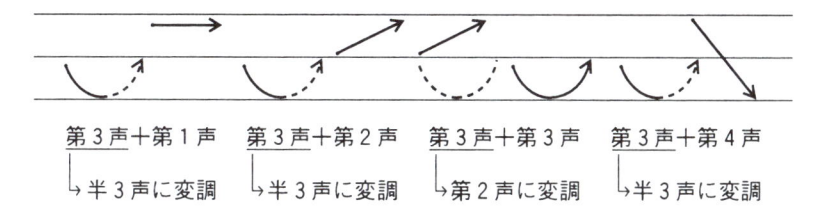

第3声＋第1声	第3声＋第2声	第3声＋第3声	第3声＋第4声
↳半3声に変調	↳半3声に変調	↳第2声に変調	↳半3声に変調

例： 老师（lǎoshī）　　起床（qǐchuáng）　　你好（nǐhǎo）　　晚饭（wǎnfàn）
　　　先生　　　　　　起きる　　　　　　こんにちは　　　晩ごはん

変調しても，拼音の表記はもとのままで変わらないので，実際に発音するときにはとくに注意が必要です。

3-2. 否定を意味する"不（bù）"については，もともと第4声ですが，後ろに第4声がくると第2声に変化します。拼音の表記も変えます。
　　　"不去（bú qù）"　⇔　bù qù
　　　"不要（bú yào）"　⇔　bù yào

3-3. "一（yī）"については，もともと第1声ですが，後ろに第1声，第2声，第3声がくると，第4声に変調します。拼音の表記も変えます。
　　　"一天（yì tiān）"　⇔　yī tiān
　　　"一起（yì qǐ）"　⇔　yī qǐ
また後ろに第4声，軽声がくると，第2声に変化します。
　　　"一定（yí dìng）"　⇔　yī dìng
　　　"一个（yí ge）"　⇔　yī ge
ただし時間や値段をいうときは，第1声"一（yī）"のままです。

4．単母音

中国語には［a］［o］［e］［i］［u］［ü］の6つの母音があります。発音の方法と口の形はつぎのようになります。

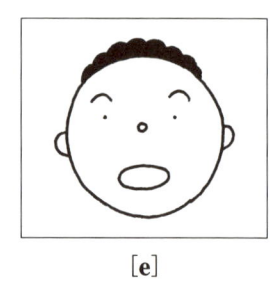

[a]：口を大きくあけ，[ア] より明るくはっきりした音をだす。
[o]：口を丸く少しつきだして [オ] と発音する。
[e]：口を左右にひらいて [エ][オ] を同時に発音する。
　　＊例 "阿（ā）" "喔（ō）" "恶（è）"

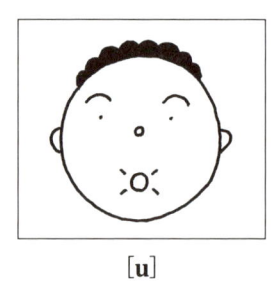

[i]：口を左右に思いきりひいて，シャープに [イ] を発音する。
[u]：口を丸くつきだして [ウ] と発音する。
[ü]：まずおちょぼ口にして，そして [イ] と発音する。
　　＊例 "一（yī）" "无（wú）" "鱼（yú）"

Track 41

5．複母音

単母音を2つ組み合わせた二重母音と，3つ組み合わせた三重母音があります。

二重母音①	[ai] [ei] [ao] [ou]
二重母音②	[ia] [ie] [ua] [uo] [üe]
三重母音	[iao] [iou] [uai] [uei]

発音のコツは，口を前後左右に動かして，それぞれの母音の発音があいまいに

ならないように気をつけることです。
◆二重母音①は強母音＋弱母音の組み合わせで，②は弱母音＋強母音の組み合わせです。①と②のどちらの場合も，強母音を強く弱母音を弱く発音します。
◆二重母音の [e] は日本語の「エ」に近い音で発音されます。
◆ [iou] は第1声と第2声のとき真ん中の [o] が弱く発音されます。
◆ [uei] は真ん中の [e] がいつも弱く発音されます。

6．子音

6-1. 唇音

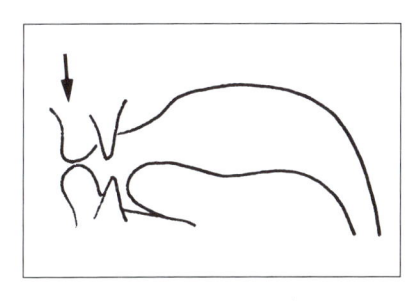

[b]：無気音で破裂音。息を送らないように，日本語のバ（パ）行を発音する。
[p]：有気音で破裂音。息を外に強く送り，日本語のパ行を発音する。
[m]：鼻音。上下の唇を閉じて，鼻から日本語のマ行の音をだす。
[f]：唇歯音。上の歯と下の唇をつける。英語のfと同じ要領です。
　　＊例 "鼻（bí）" "皮（pí）" "妈（mā）" "法（fǎ）"

6-2. 舌尖音

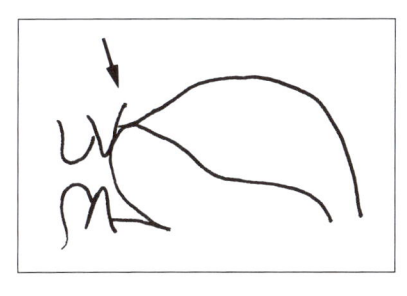

[d]：無気音で破裂音。舌先を上前歯の裏にあて，日本語のダ（タ）行の音をだす。

[t]：有気音で破裂音。舌を放すと同時に息を強く送る。タ行の音をだす。
[n]：鼻音。舌の先を上前歯の裏にあて，鼻から声をだす。日本語のナ行。
[l]：舌の先を上前歯の裏から離さないようにして，「ラ」を発音する。
　　＊例 "地 (dì)" "体 (tǐ)" "拿 (ná)" "乐 (lè)"

6-3. 舌根音

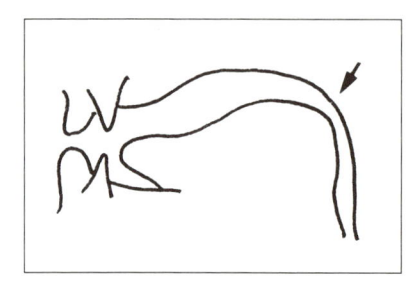

[g]：無気音で破裂音。息を送らないようにして，日本語のガ（カ）行の音をだす。
[k]：有気音で破裂音。息を送りながら，日本語のカ行の音をだす。
[h]：摩擦音。のどの奥を広げて摩擦音をだす。「ハーッ」と息をだすように。
　　＊例 "歌 (gē)" "科 (kē)" "好 (hǎo)"

6-4. 舌面音

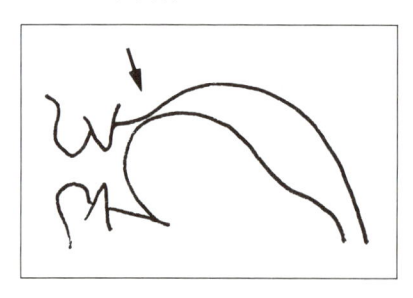

[j]：無気音で破裂音。舌先を上前歯の少し後ろにつけて，「ジ（チ）」と発音する。
[q]：有気音で破裂音。[j] と同じ要領だが，息を強く送りながら，「チ」と発音する。
[x]：舌先を上前歯の少し奥につけて，日本語の「シ」の音をだす。
　　＊例 "鸡 (jī)" "七 (qī)" "洗 (xǐ)"

6-5. そり舌音

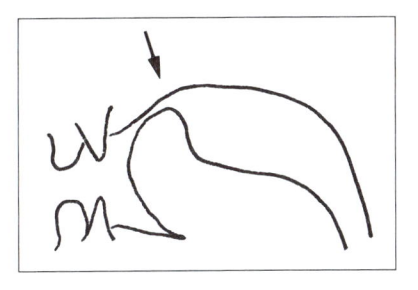

[zh]：無気音で破裂音。舌先を図の位置につけ，息を押さえて「ジ（チ）」という。
[ch]：有気音で破裂音。舌を放すと同時に息を強く送り，「チ」と発音する。
[sh]：摩擦音。舌とその上部のすき間に息を通し，「シ」といってみる。
[r]　：摩擦音。舌先を緊張させる。「リ」のつもりで発音し，声帯をふるわす。
　　＊例 "猪（zhū）" "茶（chá）" "书（shū）" "人（rén）"

6-6. 舌歯音

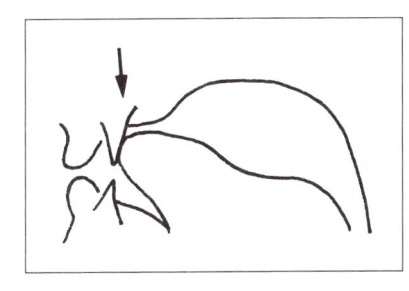

[z]：無気音で破裂音。日本語の「ズ（ツ）」とほぼ同じ。
[c]：有気音で破裂音。息を強く送りながら，日本語の「ツ」を発音する。
[s]：日本語の「サ」「ス」「セ」「ソ」とほぼ同じ発音。
　　＊例 "字（zì）" "次（cì）" "死（sǐ）"

6-7. 鼻音

音節の末尾につく前鼻音 [n] と奥鼻音 [ng] は，日本人にはどちらも「ン」にきこえます。しかし中国語ではこの2つの区別が大切で，意味の違いにかか

わっています。使い分けができるようによく練習しましょう。

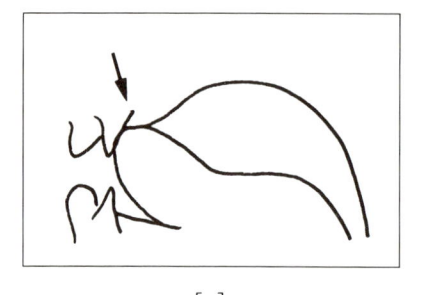

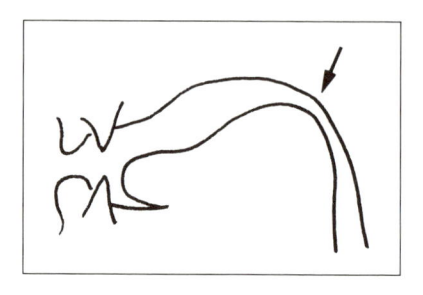

[n]　　　　　　　　　　　　[ng]

[**n**]：舌の先を上の歯茎につけて「ン」と発音する。先立つ母音は明るく発音される。

[**ng**]：舌の先はどこにもつかない。音がのどの奥から鼻へ「ツーン」と抜けていく「ン」の音。先立つ母音はこもった音になる。

　　＊例"完（wán）""忘（wàng）"

7．拼音表記の注意

拼音表記には，学習者にとって注意が必要ないくつかの原則があります。ここでまとめておくことにしましょう。

7-1．　[**y**][**w**][**yu**]ではじまっている拼音表記は[**i**][**u**][**ü**]の発音を表記したものです。

表記例	発音
一（yī）	ī
无（wú）	ú
鱼（yú）	ǘ

表記例	発音
要（yào）	iào
晚（wǎn）	uǎn
月（yuè）	ǜè

表記例	発音
用（yòng）	iòng
王（wáng）	uáng
元（yuán）	ǘán

7-2．　舌面音[**j**][**q**][**x**]につく[**u**]の表記は，母音[**ü**]の発音を意味しています。

表記例	発音
局（jú）	jǘ
去（qù）	qǜ
许（xǔ）	xǚ

7-3. 子音につづく［iou］［uei］は，拼音表記ではその真ん中の母音［o］［e］を記しません。実際の発音も，［o］［e］は弱く発音されます。(「5. 複母音」を参照。)

表記例	
六（liù）	liòu
对（duì）	duèi

7-4. そのほか，拼音表記と実際の発音がかなりずれている場合があります。［ian］の発音は，実際は「イアン」ではなく「イエン」［ien］と発音されます。また［zi］［ci］［si］は，母音の［i］の発音があいまいになり，それぞれ「ズゥ」「ツゥ」「スゥ」のように発音されます。

7-5. また，たとえば拼音の［b］と［p］は，濁音（有声音）か清音（無声音）かの区別をあらわすものではなく，無気音と有気音の区別をあらわすものです。中国語では濁音と清音のちがいは意味を持ちません。したがって［ba］を「バ」と濁って発音しても，「パ」と濁らないで発音してもそれは問題とならないのです。

8．巻き舌音

中国語には，後ろに接尾辞 "儿 (ér)" をつける単語が多くあります。これを "儿化 (érhuà)"（アル化）といいます。とくに北方方言の口語において，この "儿" 音が多く使われます。単に "儿" 音を語の最後につければよいのではなく，これによって語尾が変化します。アル化によって意味が変わるわけではありません。

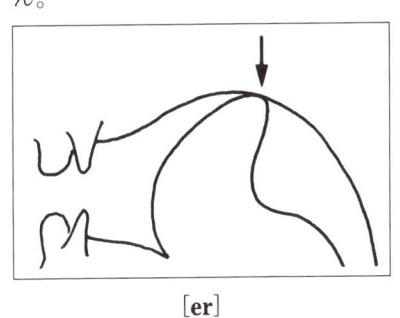

［er］

［er］：まず母音［e］の音を出し，そして舌の先をそらせてうわあごにつける。

アル化による拼音表記は，ただもとの単語に [r] を付加しただけなので，表記と実際の発音とが異なります。注意が必要です。

アル化前	アル化後(拼音)	(実際の発音)	
那 (nà)	那儿 (nàr)	[nàr ナアル]	
点 (diǎn)	点儿 (diǎnr)	[diǎr デアル]	*n が落ちる
玩 (wán)	玩儿 (wánr)	[wár ワアル]	*n が落ちる
事 (shì)	事儿 (shìr)	[shèr シャアル]	*i があいまい化
空 (kòng)	空儿 (kòngr)	[kòr コアル]	*ng が落ちる
字 (zì)	字儿 (zìr)	[zìr ズアル]	*i があいまい化

☞**本書の発音表記について**

本書では，拼音とカタカナの2種類の表示によって中国語の発音を表記しています。

①漢字の下の拼音は，発音を知る手がかりとして付したので，文中，文末のカンマやピリオド，大文字，小文字といった区別を省略しています。②カタカナによる発音表記の中で，とくに太字で示されているものは「有気音」を意味しています。③「有気音」と対立する「無気音」（b・d・g・z等）については，濁音（バ・ダ・ガ・ザ等）で示してあります。④同じ漢字（音節）にたいして，異なるカタカナが記されていることがありますが，これは前後の環境や声調によって発音が微妙に変化するためです。

カタカナによる発音表記はあくまで便宜的なものです。ネイティブの発音をきいて正確な発音を目指し練習しましょう。

文　法（文法編）

1．人称代名詞

1-1. 中国語の人称代名詞は以下のようになっています。

	１人称	２人称	３人称
単数	我 wǒ （わたし）	你　　　您 nǐ　　　nín （あなた）（あなたさま）	他・她・它 tā　tā　tā （彼・彼女・それ）
複数	我们 wǒmen （わたしたち）	你们 nǐmen （あなたたち）	他们・她们・它们 tāmen　tāmen　tāmen （彼ら・彼女ら・それら）

"您（nín）"は「あなた」のていねいないい方です。"他"は男性，"她"は女性，"它"は人間以外のものを指します。この３つの発音はみな[tā]です。

1-2. "咱们（zánmen）"と"我们（wǒmen）"はどちらも日本語では「わたしたち」ですが，"咱们（zánmen）"は話しことばで，きいている相手も含めた「わたしたち」の意味です。

2．"是"と"有"

2-1. "是（shì）"は日本語の「～です」を意味します。その打ち消しは"不是（búshì）"です。人称，単数複数，時制によって変化することはありません。

　　我　是　美国人。　　　　　　　（わたしはアメリカ人です）
　　wǒ　shì　měiguórén

　　我　不是　中国人。　　　　　　（わたしは中国人ではありません）
　　wǒ　búshì　zhōngguórén

　　她们　是　韩国人。　　　　　　（彼女たちは韓国人です）
　　tāmen　shì　hánguórén

　　以前　我　是　学生。　　　　　（以前わたしは学生でした）
　　yǐqián　wǒ　shì　xuésheng

2-2. "有（yǒu）"は日本語の「～がある・がいる」を意味します。その打ち消しは"没有（méiyǒu）"です。"不有（bùyǒu）"といういい方はありません。

　　我　有　时间。　　　　　　　　（わたしは時間があります）
　　wǒ　yǒu　shíjiān

　　他　没有　朋友。　　　　　　　（彼には友達がいません）
　　tā　méiyǒu　péngyou

3．一般動詞

3-1. 目的語は動詞の後ろに置かれます。

我　学　中文。　　　　　　　（わたしは中国語を勉強します）
wǒ　xué　zhōngwén

我　要　一个。　　　　　　　（わたしは1ついります）
wǒ　yào　yíge

3-2. 2つ目的語がある場合はSVO₁O₂の形となります。

她　教　我　中文。　　　　　（彼女がわたしに中国語を教えます）
tā　jiāo　wǒ　zhōngwén

3-3. 打ち消しには "不（bù）"「～しない」, "没（有）（méiyǒu）"「～しなかった」の2つの形があります。

我　不去　上海。　　　　　　（わたしは上海に行きません）
wǒ　búqù　shànghǎi

我　没(有)去　上海。　　　　（わたしは上海に行きませんでした）
wǒ　méi(yǒu)qù　shànghǎi

不（bù）　；習慣・意思・未来のできごとの否定
没（méi）　；事実の否定・過去のできごとの否定

4．疑問文

4-1. 疑問文は末尾に "吗（ma）"「～ですか」をつけます。

你　是　留学生　吗?　　　　　（あなたは留学生ですか）
nǐ　shì　liúxuéshēng　ma

是。我　是　留学生。　　　　（はい，わたしは留学生です）
shì　wǒ　shì　liúxuéshēng

不是。我　不是　留学生。　　（いいえ，わたしは留学生ではありません）
búshì　wǒ　búshì　liúxuéshēng

你　要　苹果　吗?　　　　　　（りんごはいりますか）
nǐ　yào　píngguǒ　ma

不要。我　不要　苹果。　　　（いいえ，りんごはいりません）
búyào　wǒ　búyào　píngguǒ

4-2. "是不是（shìbushì）" "有没有（yǒumeiyǒu）" など，肯定型と否定型を重ねることで「反復疑問文」の形が作れます。

他　**是不是**　大学生?　　　　（＝　他　是　大学生　吗?）
tā　shìbushì　dàxuéshēng　　　　　　tā　shì　dàxuéshēng　ma

有没有　炒饭?　　　　　　　（＝　有　炒饭　吗?）
yǒumeiyǒu　chǎofàn　　　　　　　　yǒu　chǎofàn　ma

你　要不要　这个 ?　　　　　(=　你　要　这个　吗?)
　　nǐ　yàobuyào　zhèige　　　　　　　nǐ　yào　zhèige　ma

5．形容詞文

　形容詞が述語となる場合には"是（shì）"は使いません。また副詞は形容詞の前に置きます。

　　这个　很　贵。　　　　　　　（これはとても高いです）
　　zhèige　hěn　guì

　形容詞の打ち消し文は"不"を使います。"没"は使いません。

　　那个　不　贵。　　　　　　　（それは高くありません）
　　nèige　bú　guì

6．"的"の用法

6-1． "的（de）"は日本語の助詞「の」に似ています。名詞，形容詞，動詞などについて，連体修飾語を作ります。

　　我　的　房子　　　　（わたしの家）　　　［名詞＋的］
　　wǒ　de　fángzi

　　漂亮　的　领带　　　（きれいなネクタイ）　［形容詞＋的］
　　piàoliang　de　lǐngdài

　　我　喜欢　的　菜　　（わたしの好きな料理）［動詞＋的］
　　wǒ　xǐhuan　de　cài

6-2． "的（de）"は「～のもの」という意味をあらわすことができます。

　　这　是　我　的　手表。　（これはわたしの腕時計です）
　　zhè　shì　wǒ　de　shǒubiǎo

　　这　是　我　的。　　　　（これはわたしの（もの）です）
　　zhè　shì　wǒ　de

7．疑問詞

7-1． 中国語の疑問詞はつぎのように整理できます。

人	谁 shuí	だれ	她　是　谁 ?　（彼女はだれですか） tā　shì　shuí
物	什么 shénme	なに	这　是　什么 ?　（これはなんですか） zhè　shì　shénme

	哪个 něige	どれ	你 要 哪个？（どれがいりますか） nǐ yào něige
場所	哪儿 nǎr	どこ	厕所 在 哪儿？（トイレはどこですか） cèsuǒ zài nǎr
	哪里 nǎli		厕所 在 哪里？（トイレはどこですか） cèsuǒ zài nǎli
方法	怎么 zěnme	どう どのように どのような	这个 怎么 用？（これはどうやって使いますか） zhèige zěnme yòng
	怎样 zěnyàng		怎样 的 方法？（どんな方法ですか） zěnyàng de fāngfǎ
	怎么样 zěnmeyàng		你 怎么样？（あなたはどうですか） nǐ zěnmeyàng
理由	为什么 wèishénme	なぜ どうして	你 为什么 兴奋？（なぜ興奮しているのですか） nǐ wèishénme xīngfèn
	怎么 zěnme		你 怎么 来 了？（どうして来たのですか） nǐ zěnme lái le
数量	几 jǐ	いくつ いくら	现在 几 点？（いま何時ですか） xiànzài jǐ diǎn
	多少 duōshao		这个 多少 钱？（これはいくらですか） zhèige duōshao qián

7-2. "哪儿 (nǎr)" は "哪里 (nǎli)" より口語的です。また "怎么 (zěnme)" "怎么样 (zěnmeyàng)" は "怎样 (zěnyàng)" より口語的です。

7-3. "几 (jǐ)" は，通常こたえが10以下になるときの質問に使います。"多少 (duōshao)" は，それ以上のときに使います。

你 要 几个？ ⇨ 我 要 8个。（8個ください）
nǐ yào jǐge   wǒ yào bāge

你 要 多少？ ⇨ 我 要 200克。（200グラムください）
nǐ yào duōshao   wǒ yào liǎngbǎikè

7-4．"怎么（zěnme）"は「どうやって」と方法をたずねる用法と，「どうして」と理由をたずねる用法があります。

8．量詞

日本語でノート1冊，紙1枚というように，中国語にもものを数えるための「量詞」があります。

张 zhāng	平たいものを数える	桌子、纸、画 zhuōzi　zhǐ　huà
本 běn	本や雑誌を数える	书、杂志、字典 shū　zázhì　zìdiǎn
条 tiáo	細長いものを数える	领带、鱼、路 lǐngdài　yú　lù
把 bǎ	柄や取っ手のあるものを数える	椅子、伞、刀 yǐzi　sǎn　dāo
座 zuò	どっしりと動かないものを数える	山、高楼、庙 shān　gāolóu　miào

我 买 三条 鱼。　　　　（魚を3匹ください）
wǒ mǎi sāntiáo yú

请 给 我 那张。　　　　（それ1枚ください）
qǐng gěi wǒ nèizhāng

9．語気助詞

語気助詞は文末についていろいろな意味をあらわします。

吗 ma	疑問文を作ります。	a
吧 ba	推測をあらわします。「～でしょう」	b
	同意をうながします。「～でしょう」	c
	勧誘をあらわします。「～ましょう」	d
	命令をあらわします。「～なさい」	e
呢 ne	疑問文の中でこたえをうながします。「～の」	f
	状態の継続をあらわします。「～ている」	g

啊 a	感嘆の意味をあらわします。 語気をやわらげます。　　　「〜よ」「〜わ」	h i
呀 ya	（啊と同じ用法。前の韻母 a e i o ü に影響され，場合によって啊が呀に変わります）	j
哟 yo	語気をやわらげます。　　　「〜よ」「〜だよ」 おどけた感じをあらわします。	k

a 你 是 日本人 吗？　　　　　（あなたは日本人ですか）
　 nǐ shì rìběnrén ma

b 你 是 日本人 吧？　　　　　（あなた日本人でしょう）
　 nǐ shì rìběnrén ba

c 你 同意 吧。　　　　　　　　（同意しますよね）
　 nǐ tóngyì ba

d 走 吧。　　　　　　　　　　（行きましょう）
　 zǒu ba

e 请 吃 吧。　　　　　　　　　（どうぞお召し上がりください）
　 qǐng chī ba

f 你 怎么 不 吃 呢？　　　　（どうして食べないの）
　 nǐ zěnme bù chī ne

g 我 吃 着 饭 呢。　　　　　（いま食べてます）
　 wǒ chī zhe fàn ne

h 这么 多 钱 啊！　　　　　　（こんなにお金がある）
　 zhème duō qián a

i 行 啊。　　　　　　　　　　（いいですよ）
　 xíng a

j 可以 呀。　　　　　　　　　（いいですよ）
　 kěyǐ ya

k 这 是 你 的 生日礼物 哟。　（お誕生日のプレゼントだよ）
　 zhè shì nǐ de shēngrìlǐwù yo

10. 指示詞

指示詞をまとめるとつぎのようになります。

	近　称	遠　称
物	这（个） zhè(zhèi)(ge) （これ）	那（个） nà(nèi)(ge) （それ）
場所	这儿・这里 zhèr　zhèli （ここ）	那儿・那里 nàr　nàli （そこ）
方法	这么・这样 zhème　zhèyàng （こんなに・こんな）	那么・那样 nàme　nàyàng （そんなに・そんな）

"这儿（zhèr）"は"这里（zhèli）"よりも口語的です。"哪儿（nàr）"と"哪里（nàli）"の関係も同様です。

11．節の構造

1つの文に動詞の形を変えることなくいくつも動詞をつらねることができます。

我　吃　日本菜。　　　　（わたしは日本料理を食べます）
wǒ　chī　rìběncài

我　喜欢　吃　日本菜。　（わたしは日本料理を食べるのが好きです）
wǒ　xǐhuan　chī　rìběncài

我　帮　你　拿　东西。　（わたしはあなたが荷物を持つのを手伝います）
wǒ　bāng　nǐ　ná　dōngxi

12．副詞

中国語の副詞は，動詞の前におきます。

我　也　不　知道。　　　（わたしも知りません）
wǒ　yě　bù　zhīdào

他们　都　走　了。　　　（彼らはみんな行ってしまいました）
tāmen　dōu　zǒu　le

我　已经　写　完　了。　（もう書き終わりました）
wǒ　yǐjing　xiě　wán　le

13．"在"と"有"

"在（zài）"と"有（yǒu）"はどちらも「ある」という意味ですが，"在（zài）"

は後ろに場所を示すことばがきて「～は…にある」という意味をあらわし，"有（yǒu）"は後ろに人やものをあらわすことばがきて「…には～がある」という意味をあらわします。

　　　万里长城　在　北京。　（万里の長城は北京にあります）
　　　wànlichángchéng　zài　běijīng

　　　北京　有　万里长城。　（北京には万里の長城があります）
　　　běijīng　yǒu　wànlichángchéng

14. 介詞

英語の前置詞のように，ある動作とそれに関連する人・物・時間・場所とを結びつける働きをする語を「介詞」といいます。

場所	在 zài	～で	我 在 教室 学 中文。 wǒ zài jiàoshì xué zhōngwén	（教室で中国語を学びます）
動作対象	给 gěi	～に	请 给 我 看 一下。 qǐng gěi wǒ kàn yíxià	（ちょっとわたしにみせてください）
動作対象	对 duì	～に	他 对 我 很 好。 tā duì wǒ hěn hǎo	（彼はわたしによくしてくれます）
動作対象	跟 gēn	～と	我 跟 你 一起 去。 wǒ gēn nǐ yìqǐ qù	（わたしもあなたといっしょに行きます）
	和 hé		我 和 你 不 一样。 wǒ hé nǐ bù yíyàng	（わたしとあなたは同じではない）
動作対象	把 bǎ	～を	你 把 筷子 拿 来。 nǐ bǎ kuàizi ná lái	（お箸をもってきてよ）
比較	比 bǐ	～より	上海 比 天津 大。 shànghǎi bǐ tiānjīn dà	（上海は天津より大きい）

起点	从 cóng	～から	你 从 哪儿 来？ nǐ cóng nǎr lái	（あなたはどこから来ますか）
到着点	到 dào	～まで	她 到 哪儿 去？ tā dào nǎr qù	（彼女はどこへ行きますか）
手段	用 yòng	～で	我 用 日语 说话。 wǒ yòng rìyǔ shuōhuà	（わたしは日本語で話します）

14-1. 介詞は動詞が変化したものです。そこで同じ語でも介詞として使う場合と，動詞として使う場合があります。

我 在 教室。　　　　　（わたしは教室にいます）〈動詞〉
wǒ zài jiàoshì

我 在 教室 学 中文。　（わたしは教室で中国語を学びます）
wǒ zài jiàoshì xué zhōngwén
　　　　　　　　　　　　　　　　　　　　　　〈介詞〉

我 给 你 这个。　　　　（これをあなたにあげます）〈動詞〉
wǒ gěi nǐ zhèige

我 给 你 修理 一下。　（あなたのために修理してあげよう）
wǒ gěi nǐ xiūlǐ yíxià
　　　　　　　　　　　　　　　　　　　　　　〈介詞〉

14-2. "给 (gěi)" "对 (duì)" "跟 (gēn)" は，それぞれ意味が違います。"给 (gěi)" は授受関係の対象を示す「～のために・～に」，"对 (duì)" は「～にたいして」，"跟 (gēn)" は「～といっしょに」というのが基本的な意味です。

15. 方位詞

15-1. 上下左右をあらわす方位詞は，各々2通りのいい方ができます。

うえ	した	なか	そと	まえ	うしろ
上边 shàngbian	下边 xiàbian	里边 lǐbian	外边 wàibian	前边 qiánbian	后边 hòubian
上面 shàngmian	下面 xiàmian	里面 lǐmian	外面 wàimian	前面 qiánmian	后面 hòumian

ひだり	みぎ	ひがし	みなみ	にし	きた
左边 zuǒbian	右边 yòubian	东边 dōngbian	南边 nánbian	西边 xībian	北边 běibian
左面 zuǒmian	右面 yòumian	东面 dōngmian	南面 nánmian	西面 xīmian	北面 běimian

建国门 在 北京 的 西边。(建国門は北京の西にあります)
jiànguómén zài běijīng de xībian

坐 在 车子 的 后面 吧。(車の後ろに座りましょう)
zuò zài chēzi de hòumian ba

15-2． "里边 (lǐbian)・里面 (lǐmian)" は "里 (lǐ)" だけ，"上边 (shàngbian)・上面 (shàngmian)" は "上 (shàng)" だけ単独で使うことができます。

屋子里 没 有 人。　　　　(家にはだれもいません)
wūzilǐ méi yǒu rén

桌子上 有 东西。　　　　(机の上に物があります)
zhuōzishàng yǒu dōngxi

16．助動詞

以下にあげる助動詞は，動詞や形容詞の前において，可能，必要，当然，義務などさまざまな意味をあらわします。

会 huì	①（練習・習得によって）〜できる ②〜するはずだ	a b
能 néng	①（能力・条件によって）〜できる ②〜してもよい	c d
可以 kěyǐ	①〜することが可能である ②〜してもよい	e f
要 yào	①〜したい ②〜する必要がある	g h

想 xiǎng	①〜したい	i
打算 dǎsuàn	①〜するつもりがある	j
愿意 yuànyi	①〜したい（と願う）	k
应该 yīnggāi	①〜すべきである	l

a　我　会　游泳。　　　　　　　（わたしはおよげます）
　　wǒ　huì　yóuyǒng

b　她　一定　会　知道　的。　　（彼女はきっと知っているはずです）
　　tā　yídìng　huì　zhīdào　de

c　你　能　喝　酒。　　　　　　（あなたはお酒が飲めますね）
　　nǐ　néng　hē　jiǔ

d　这儿　能不能　抽烟？　　　　（ここでたばこを吸ってもいいですか）
　　zhèr　néngbunéng　chōuyān

e　这儿　可以　坐　10　个　人。（ここには10人座れます）
　　zhèr　kěyǐ　zuò　shí　ge　rén

f　我　可以　先　走　吗？　　　（先に帰ってもいいですか）
　　wǒ　kěyǐ　xiān　zǒu　ma

g　我　要　去　洗手间。　　　　（トイレに行きたいです）
　　wǒ　yào　qù　xǐshǒujiān

h　你　不要　去　买　东西。　　（買物に行く必要はありません）
　　nǐ　búyào　qù　mǎi　dōngxi

i　我　想　跟　你　说　话。　　（わたしはあなたと話がしたいです）
　　wǒ　xiǎng　gēn　nǐ　shuō　huà

j　我　打算　买　汽车。　　　　（わたしは車を買うつもりです）
　　wǒ　dǎsuàn　mǎi　qìchē

k　我　不愿意　在　这儿　工作。（わたしはここで働きたくありません）
　　wǒ　búyuànyi　zài　zhèr　gōngzuò

l　你　应该　戒　酒。　　　　　（あなたは禁酒すべきです）
　　nǐ　yīnggāi　jiè　jiǔ

17. "了" の用法

17-1. [動詞・形容詞 + "了 (le)"] は，動作や事態の変化が実現したことをあらわします。(了¹)

我 买了¹ 一本 杂志。	(わたしは雑誌を1冊買いました)
wǒ mǎile yìběn zázhì	
我 睡了¹ 三个 小时。	(わたしは3時間寝ました)
wǒ shuìle sānge xiǎoshí	

17-2. 文の末尾に置かれた "了 (le)" は，状況や事態に変化が発生したことを確認します。(了²)

下 雨 了²。	(雨が降りました)
xià yǔ le	
我 吃饭 了²。	(わたしはご飯を食べました)
wǒ chī fàn le	

17-3. 1の用法と2の用法をともに使う場合があります。

| 我 吃了¹ 饭 了²。 | (わたしはご飯を食べました) |
| wǒ chīle fàn le | |

18. "过" の用法

"过" は，動詞や形容詞の後について過去に経験したこと「～したことがある」や完了をあらわすことができます。

我 在 西安 玩儿过。	(わたしは西安で遊んだことがあります)
wǒ zài xī'ān wánrguò	
你 吃过 饭 了 吗？	(もうご飯を食べましたか)
nǐ chīguò fàn le ma	

19. "着" の用法

動詞のあとに "着 (zhe)" をつけると，現在進行中の動作や作用「～ている」をあらわせます。この "着 (zhe)" はしばしば後ろに，助詞の "呢 (ne)" をともないます。

我 等着 你。	(わたしはあなたを待っています)
wǒ děngzhe nǐ	
我 听着 音乐 呢。	(わたしは音楽をきいています)
wǒ tīngzhe yīnyuè ne	

20. "得" の用法

[動詞＋"得 (de)"＋形容詞]の形は「〜するのが…だ」と，動作の結果や程度をあらわします。

　　　她　唱**得**　很　好。　　　　　（彼女は歌うのがうまいです）
　　　tā　chàngde　hěn　hǎo

　　　狗　跑**得**　很　快。　　　　　（いぬは走るのが速いです）
　　　gǒu　pǎode　hěn　kuài

21. 使役

"让 (ràng)" "叫 (jiào)" "使 (shǐ)"（〜させる）を使って，使役の意味をあらわすことができます。

　　　我　**叫**　她　收拾　房间。　　（わたしは彼女に部屋をかたづけさせます）
　　　wǒ　jiào　tā　shōushi　fángjiān

　　　这次　**让**　我　付钱　吧。　　（今度はわたしにお金を払わせてください）
　　　zhècì　ràng　wǒ　fùqián　ba

22. 受け身

受け身は "被 (bèi)"（〜される）を使って表現します。

　　　森林　**被**　破坏　了。　　　　（森林が破壊されました）
　　　sēnlín　bèi　pòhuài　le

　　　我　的　钱包　**被**　人　偷　了。　（財布を人に盗まれました）
　　　wǒ　de　qiánbāo　bèi　rén　tōu　le

23. 比較

23-1. 2つのものを比較するときは "比"（〜より）を使います。

　　　他　**比**　我　大　三　岁。　　（彼はわたしより3歳年上です）
　　　tā　bǐ　wǒ　dà　sān　suì

　　　这个　**比**　那个　便宜。　　　（これはそれより安いです）
　　　zhèige　bǐ　nèige　piányi

23-2. 「同じ」といいたいときは "跟〜一样" を使います。

　　　我　的　辞典　**跟**　你　的　**一样**。　（わたしの辞典はあなたのと同じです）
　　　wǒ　de　cídiǎn　gēn　nǐ　de　yíyàng

文法（文法編）

24. 動詞の重ね型

24-1. 動詞を2つ重ねて「ちょっと～する」「～してみる」の意味をあらわします。

> 我　去　**看一看**　(**看看**)。　（わたしが行って見てみよう）
> wǒ　qù　kànyikàn　(kànkan)

> 请　你　**谈一谈**　(**谈谈**)。　（ちょっと話してください）
> qǐng　nǐ　tányitán　(tántan)

24-2. 2音節の動詞は［動詞＋"一"＋動詞］の形ができません。

> 我　**练习练习**。　（×练习一练习）
> wǒ　liànxiliànxi

24-3. ［動詞＋"一下"］を使うと，動詞の重ね型と同じ意味になります。

> 你　去　中国　体验　**一下**。　（中国へ行ってちょっと体験してみてください）
> nǐ　qù　zhōngguó　tǐyàn　yíxià

25. 形容詞の重ね型

25-1. 形容詞にも重ね型があり，状態や状況を強調します。

> **白白**　的　衣服　　　　（真っ白な服）
> báibái　de　yīfu

> 他　**瘦瘦**　的。　　　　（彼はとてもやせています）
> tā　shòushòu　de

25-2. 2音節の形容詞は，つぎのように重ねることがあります。

> 她　说得　**清清楚楚**。（←清楚）　（彼女はとてもはっきり話します）
> tā　shuōde　qīngqīngchǔchǔ

26. 結果補語

中国語は［動詞＋結果補語］によって，動作や行為とその結果をあらわします。結果補語は動詞であることも形容詞であることもあります。（太字部が結果補語）

> 我　吃**饱**　了。　　　（私は（食べて）<u>おなかがいっぱいに</u>なりました）
> wǒ　chībǎo　le

> 你　看**完**　了　吗。　（あなたは見<u>おわりましたか</u>）
> nǐ　kànwán　le　ma

否定には"没（有）"を使います。

> 我　**没**　吃饱。　　　（まだおなかがいっぱいではありません）
> wǒ　méi　chībǎo

27. 方向補語

動詞の後ろに置く補語の中でも，動作や行為の方向性を示すものを方向補語といいます。方向補語は以下の3種類があります。

27-1. "来 (lái)" と "去 (qù)" は，話し手からみて「近づく」「離れる」をあらわします。

我 拿来 了。	（私はもってきました）
wǒ nálái le	
她 拿去 了。	（彼女はもって行きました）
tā náqù le	

27-2. "上 (shàng)" "下 (xià)" "进 (jìn)" "出 (chū)" "过 (guò)" "回 (huí)" "起 (qǐ)" "开 (kāi)" は客観的な方向性をあらわします。

我 跑上 三楼。	（三階までかけ上がります）
wǒ pǎoshàng sānlóu	
老师 走进 教室。	（先生は教室に入ります）
lǎoshī zǒujìn jiàoshì	
她 拿出 钥匙。	（彼女は鍵をとりだします）
tā náchū yàoshi	

27-3. 上に述べた2種類の方向補語を組み合わせて「複合方向補語」ができます。

	上 shàng	下 xià	进 jìn	出 chū	过 guò	回 huí	起 qǐ	开 kāi
来 lái	上来 shànglai	下来 xiàlai	进来 jìnlai	出来 chūlai	过来 guòlai	回来 huílai	起来 qǐlai	开来 kāilai
去 qù	上去 shàngqu	下去 xiàqu	进去 jìnqu	出去 chūqu	过去 guòqu	回去 huíqu		

她 走下去 了。	（彼女は歩いて下りていった）
tā zǒuxiàqu le	
孩子们 跑进来。	（子供たちは走って入ってくる）
háizimen pǎojìnlai	
我 想起来 了。	（わたしは思いだし（てき）た）
wǒ xiǎngqǐlai le	

27-4. "来 (lái)" または "去 (qù)" のついた方向補語は，"来" または "去"

の前でも後でも目的語が置けます。

我　拿　**一本书**　来。　　　　（わたしは本を持ってきます）
wǒ　ná　yìběnshū　lái

我　拿来　**一本书**。　　　　（　　同　　上　　）
wǒ　nálái　yìběnshū

我　拿出　**一本书**　来。　　　（わたしは本をとりだします）
wǒ　náchū　yìběnshū　lái

我　拿出来　**一本书**。　　　（　　同　　上　　）
wǒ　náchūlai　yìběnshū

ただし，場所をあらわすことばは，"来"や"去"の後には置けません。

她　走进　**教室**　来。　　　（彼女は教室に入ってきました）
tā　zǒujìn　jiàoshì　lái

她　走进来　**教室**。(×)
tā　zǒujìnlai　jiàoshì

28. 可能補語

結果補語と方向補語のついた動詞に，"得（de）""不（bu）"を加えると「できる」「できない」を意味する可能補語が作れます。

[動詞＋"**得**"＋結果補語・方向補語]
　　　可能補語（～できる）

[動詞＋"**不**"＋結果補語・方向補語]
　　　可能補語（～できない）

我　看见　了。　　〈結果補語〉（わたしはみました）
wǒ　kànjiàn　le

我　看**得**见。　　〈可能補語〉（わたしはみることができます）
wǒ　kàndejiàn

我　看**不**见。　　〈可能補語〉（わたしはみることができません）
wǒ　kànbujiàn

小张　想起来　了。〈方向補語〉（張さんは思いだしました）
xiǎozhāng　xiǎngqilai　le

小张　想**得**起来。〈可能補語〉（張さんは思いだすことができます）
xiǎozhāng　xiǎngdeqilai

小张　想**不**起来。〈可能補語〉（張さんは思いだすことができません）
xiǎozhāng　xiǎngbuqilai

29. 副詞・接続詞による連結

中国語には，つぎのような副詞・接続詞による呼応や連結の関係があります。熟語として覚えておくと便利です。

中国語	日本語	
又～又… (yòu yòu)	～だし，また…	a
越～越… (yuè yuè)	～すればするほど…だ	b
刚～就… (gāng jiù)	～してすぐ…する	c
快要～了 (kuàiyào le)	もうすぐ～だ	d
等～再… (děng zài)	～してから…する	e
(一)边～(一)边… ((yì)biān (yì)biān)	～しながら…する	f
除了～以外 (chúle yǐwài)	～を除いては	g
因为～所以… (yīnwèi suǒyǐ)	～なのでそれで…だ	h
虽然～但(是)… (suīrán dàn(shì))	～だけれども…だ	i
不但～而且… (búdàn érqiě)	～ばかりでなく…も	j
要是～(的话)就… (yàoshi (dehuà)jiù)	もし～ならば…だ	k
如果～(的话)就… (rúguǒ (dehuà)jiù)	もし～ならば…だ	l
只要～就… (zhǐyào jiù)	～しさえすれば…だ	m
只有～才… (zhǐyǒu cái)	～してはじめて…だ	n
既然～就… (jìrán jiù)	～した以上…だ	o

a 这个 菜 又 便宜 又 好吃。(この料理は安くておいしいです)
　　zhèige cài yòu piányi yòu hǎochī

b 教室里 学生 越 来 越 多 了。(教室には学生がますます多くなりました)
　　jiàoshìli xuéshēng yuè lái yuè duō le

c 她 刚 到 这儿 就 开始 工作。(彼女はここにくるとすぐ仕事を始めた)
  tā gāng dào zhèr jiù kāishǐ gōngzuò

d 快要 到 春节 了。(もうすぐ春節がやってきます)
  kuàiyào dào chūnjié le

e 等 小李 来 了 再 走。(李さんがきてから、出発します)
  děng xiǎolǐ lái le zài zǒu

f 我 一边 吃饭 一边 看 电视。(わたしはご飯を食べながらテレビをみます)
  wǒ yìbiān chīfàn yìbiān kàn diànshì

g 除了 小张 以外，大家 都 知道。(張さん以外みんな知っています)
  chúle xiǎozhāng yǐwài dàjiā dōu zhīdào

h 因为 我 很 忙 所以 不能 参加。(とても忙しいので，参加できません)
  yīnwèi wǒ hěn máng suǒyǐ bùnéng cānjiā

i 他 虽然 很 年轻，但 很 能干。(彼は若いけれどもやり手です)
  tā suīrán hěn niánqīng dàn hěn nénggàn

j 她 不但 会 英语，而且 会 德语。(彼女は英語もできるしドイツ語もできる)
  tā búdàn huì yīngyǔ érqiě huì déyǔ

k 要是 有 时间，我 就 去。(もし時間があれば，わたしが行きます)
  yàoshi yǒu shíjiān wǒ jiù qù

l 如果 下雨 的 话，我 就 不去。(もし雨が降ったら，わたしは行きません)
  rúguǒ xiàyǔ de huà wǒ jiù búqù

m 只要 你 努力，就 会 成功 的。(努力しさえすれば，成功できます)
  zhǐyào nǐ nǔlì jiù huì chénggōng de

n 只有 刻苦 学习，才 能 取得 好成绩。(一生懸命勉強してはじめてよい成績がとれる)
  zhǐyǒu kèkǔ xuéxí cái néng qǔdé hǎochéngjì

o 既然 天气 不好，那 就 不去 吧。(天気がよくない以上，行くのをよそう)
  jìrán tiānqì bùhǎo nà jiù búqù ba

ヴィジュアル単語

Track 44

1. 职业 zhíyè（職業）

- 农民 nóngmín ノンミン
- 学者 xuézhě シュエジャ
- 演员 yǎnyuán イエンユアン
- 工程师 gōngchéngshī ゴンチャンシイ
- 医生 yīshēng イーション
- 歌手 gēshǒu ガァショウ
- 作家 zuòjiā ツオジャア
- 秘书 mìshū ミイシュウ
- 经理 jīnglǐ ジンリイ
- 司机 sījī スージー
- 公务员 gōngwùyuán ゴンウーユアン
- 记者 jìzhě ジイジャ
- 护士 hùshi フウシイ
- 军人 jūnrén ジュンレン
- 画家 huàjiā フアジャア
- 警察 jǐngchá ジンチャア
- 厨师 chúshī チュウシイ

yìbǎi'èrshíjiǔ

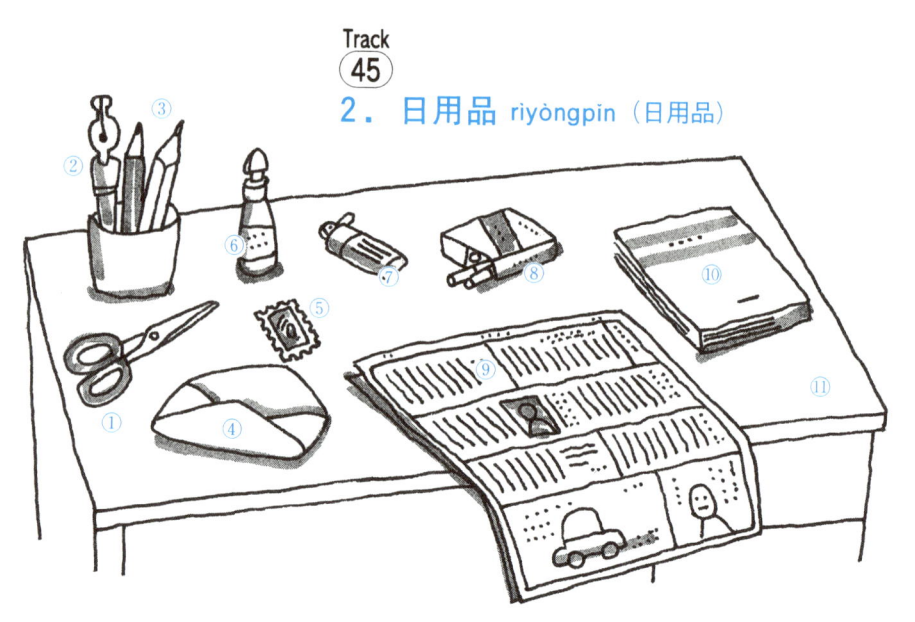

2．日用品 rìyòngpǐn（日用品）

①剪刀 jiǎndāo ジェンダオ　②笔 bǐ ビイ　③铅笔 qiānbǐ チェンビイ　④信封 xìnfēng シンフォン
⑤邮票 yóupiào ヨウピャオ　⑥浆糊 jiànghú ジャンフウ　⑦打火机 dǎhuǒjī ダフオジー
⑧香烟 xiāngyān シャンイェン　⑨报纸 bàozhǐ バオジイ　⑩书 shū シュー
⑪桌子 zhuōzi ジュオズ　⑫香皂 xiāngzào シャンザオ　⑬牙刷 yáshuā ヤアシュア
⑭牙膏 yágāo ヤアガオ　⑮刮胡刀 guāhúdāo グアフウダオ　⑯吹风机 chuīfēngjī チュイフォンジー
⑰梳子 shūzi シュウズ　⑱毛巾 máojīn マオジン　⑲香波 xiāngbō シャンボー
⑳卫生纸 wèishēngzhǐ ウエイションジイ　㉑镜子 jìngzi ジンズ

130 ◆ yìbǎisānshí

3. 城市 chéngshì（町）

- 山 shān
- 墓地 mùdì
- 飞机场 fēijīchǎng
- 游乐园 yóulèyuán
- 公园 gōngyuán
- 大学 dàxué
- 医院 yīyuàn
- 火车站 huǒchēzhàn
- 百货商店 bǎihuòshāngdiàn
- 公安局 gōng'ānjú
- 高速公路 gāosùgōnglù
- 银行 yínháng（銀行）
- 邮局 yóujú（郵便局）
- ①马路 mǎlù
- ②十字路口 shízìlùkǒu
- ③信号灯 xìnhàodēng

4. 宾馆 bīnguǎn (ホテル)

- 电梯 diàntī
- 国际电话 guójìdiànhuà
- 复印 fùyìn
- 商务中心 shāngwùzhōngxīn (ビジネスセンター)
- 传真 chuánzhēn
- 游泳池 yóuyǒngchí
- 兑换处 duìhuànchù (両替所)
- 客房 kèfáng
- 大厅 dàtīng (ロビー)
- 结帐处 jiézhàngchù (チェックアウトデスク)
- 接待处 jiēdàichù (レセプション)
- 行李员 xíngliyuán

yìbǎisānshí'èr

Track
48

5．餐厅 cāntīng（レストラン）

①餐桌 cānzhuō ツァンジュオ（テーブル）　②餐巾 cānjīn ツァンジン（ナプキン）
③刀子 dāozi ダオズ（ナイフ）　④叉子 chāzi チャアズ（フォーク）　⑤勺子 sháozi シャオズ（スプーン）
⑥筷子 kuàizi クァイズ（はし）　⑦玻璃杯 bōlibēi ボオリペイ（コップ）　⑧汤 tāng タン（スープ）
⑨米饭 mǐfàn ミイファン（ご飯）　⑩茶 chá チャア（お茶）　⑪酒 jiǔ ジュウ（酒）
⑫啤酒 píjiǔ ピイジュウ（ビール）　⑬菜单 càidān ツァイダン（メニュー）　⑭盘子 pánzi パンズ（皿）
⑮烟灰缸 yānhuīgāng イエンフイガン（灰皿）　⑯牙签 yáqiān ヤアチェン（つまようじ）
⑰虾 xiā シャア（エビ）　⑱鱼 yú ユー（魚）　⑲面条 miàntiáo メンティアオ（メン）
⑳馒头 mántou マントウ（マントウ）

yìbǎisānshisān ◆ 133

6. 房间 fángjiān（部屋）

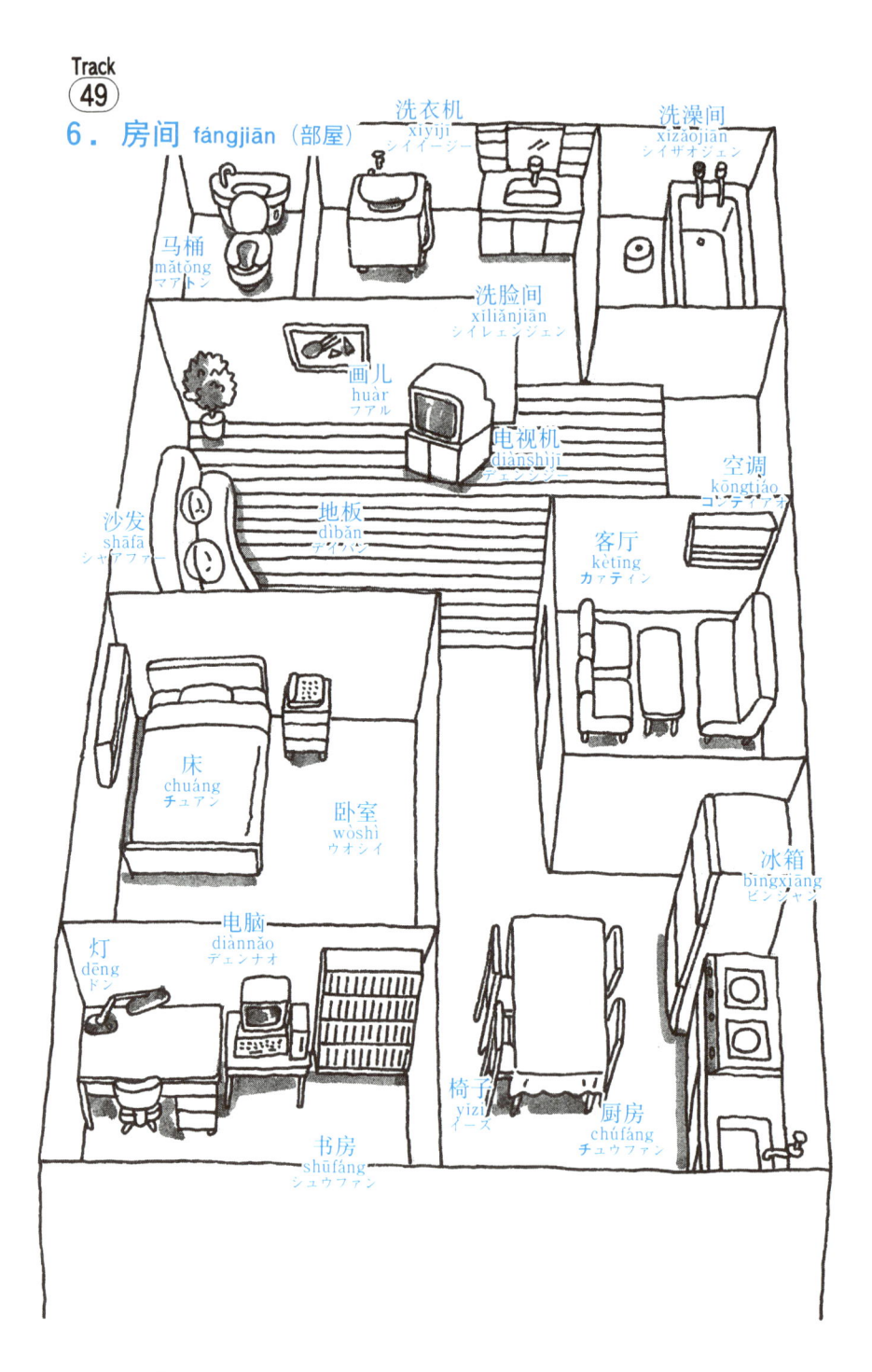

- 洗衣机 xǐyījī
- 洗澡间 xǐzǎojiān
- 马桶 mǎtǒng
- 洗脸间 xǐliǎnjiān
- 画儿 huàr
- 电视机 diànshìjī
- 空调 kōngtiáo
- 沙发 shāfā
- 地板 dìbǎn
- 客厅 kètīng
- 床 chuáng
- 卧室 wòshì
- 冰箱 bīngxiāng
- 灯 dēng
- 电脑 diànnǎo
- 椅子 yǐzi
- 厨房 chúfáng
- 书房 shūfáng

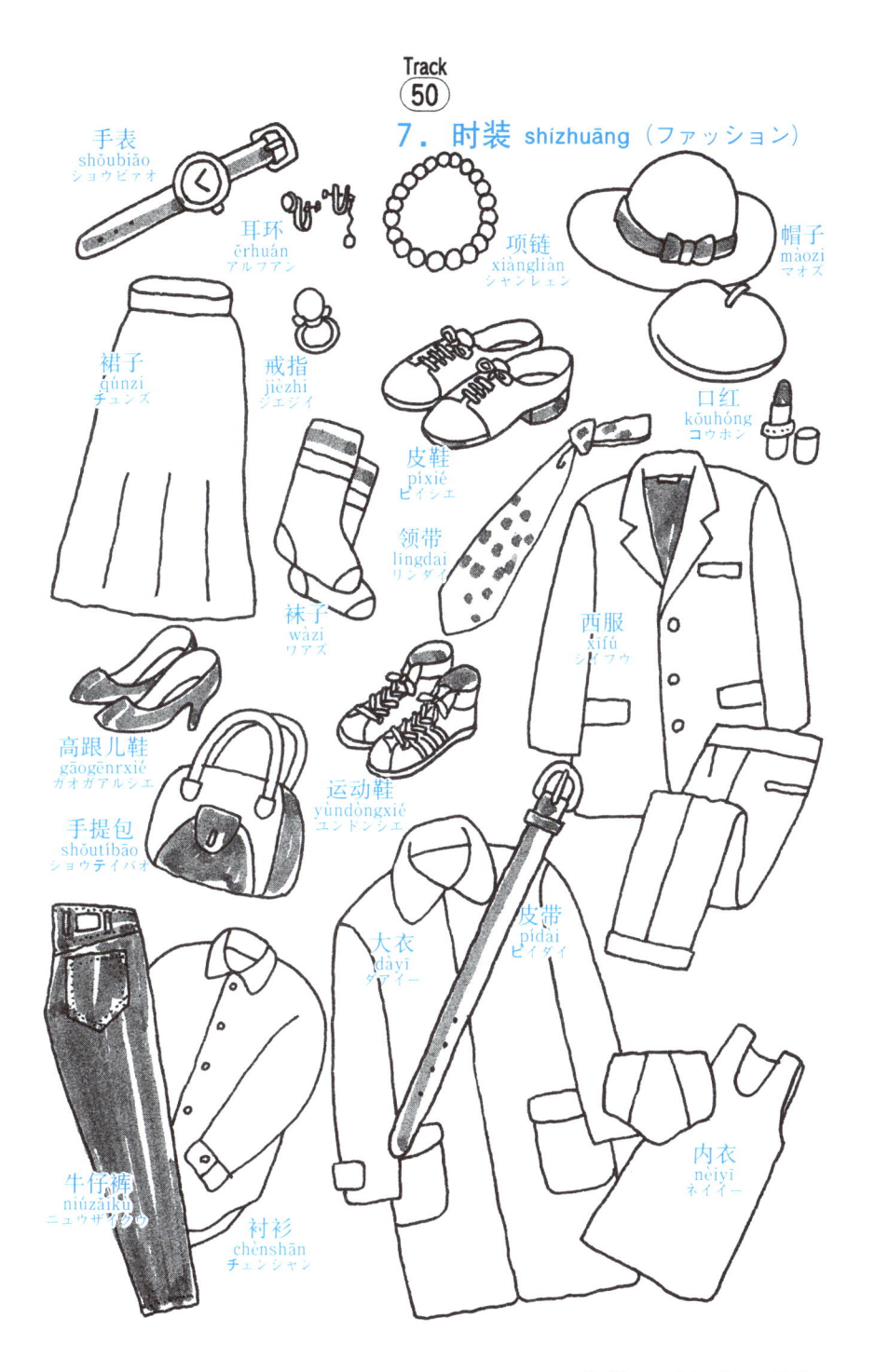

7. 时装 shízhuāng（ファッション）

- 手表 shǒubiǎo ショウビアオ
- 耳环 ěrhuán アルファン
- 项链 xiàngliàn シャンレン
- 帽子 màozi マオズ
- 裙子 qúnzi チュンズ
- 戒指 jièzhi ジエジイ
- 皮鞋 píxié ピイシエ
- 口红 kǒuhóng コウホン
- 袜子 wàzi ワアズ
- 领带 lǐngdài リンダイ
- 西服 xīfú シイフウ
- 高跟儿鞋 gāogēnrxié ガオガアルシエ
- 运动鞋 yùndòngxié ユンドンシエ
- 手提包 shǒutíbāo ショウテイバオ
- 大衣 dàyī ダアイー
- 皮带 pídài ピイダイ
- 内衣 nèiyī ネイイー
- 牛仔裤 niúzǎikù ニュウザイクウ
- 衬衫 chènshān チェンシャン

8. 家庭 jiātíng（家庭）

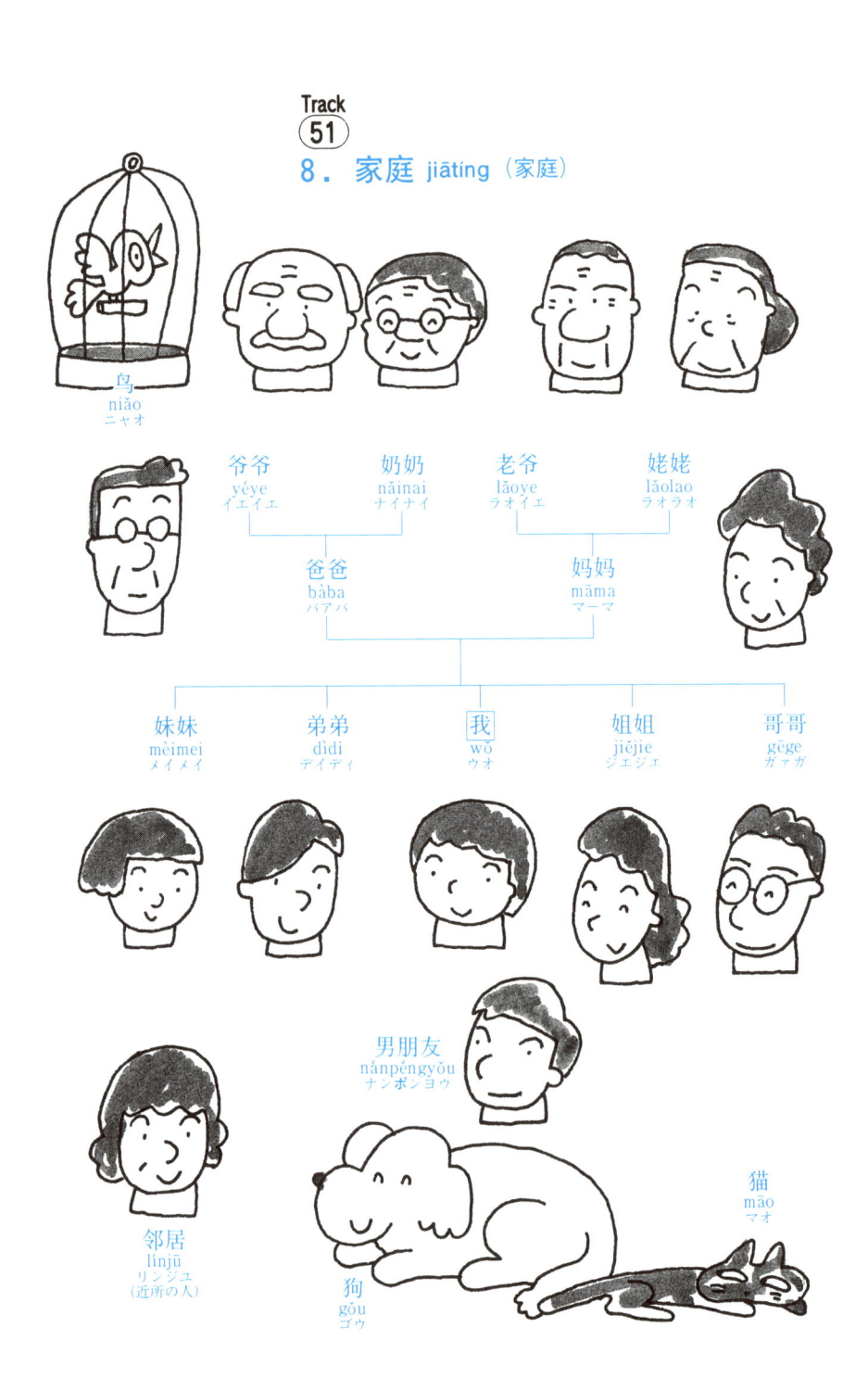

鸟 niǎo

爷爷 yéye
奶奶 nǎinai
老爷 lǎoye
姥姥 lǎolao

爸爸 bàba
妈妈 māma

妹妹 mèimei
弟弟 dìdi
我 wǒ
姐姐 jiějie
哥哥 gēge

男朋友 nánpéngyǒu

邻居 línjū（近所の人）

狗 gǒu

猫 māo

9. 身体 shēntǐ（身体）

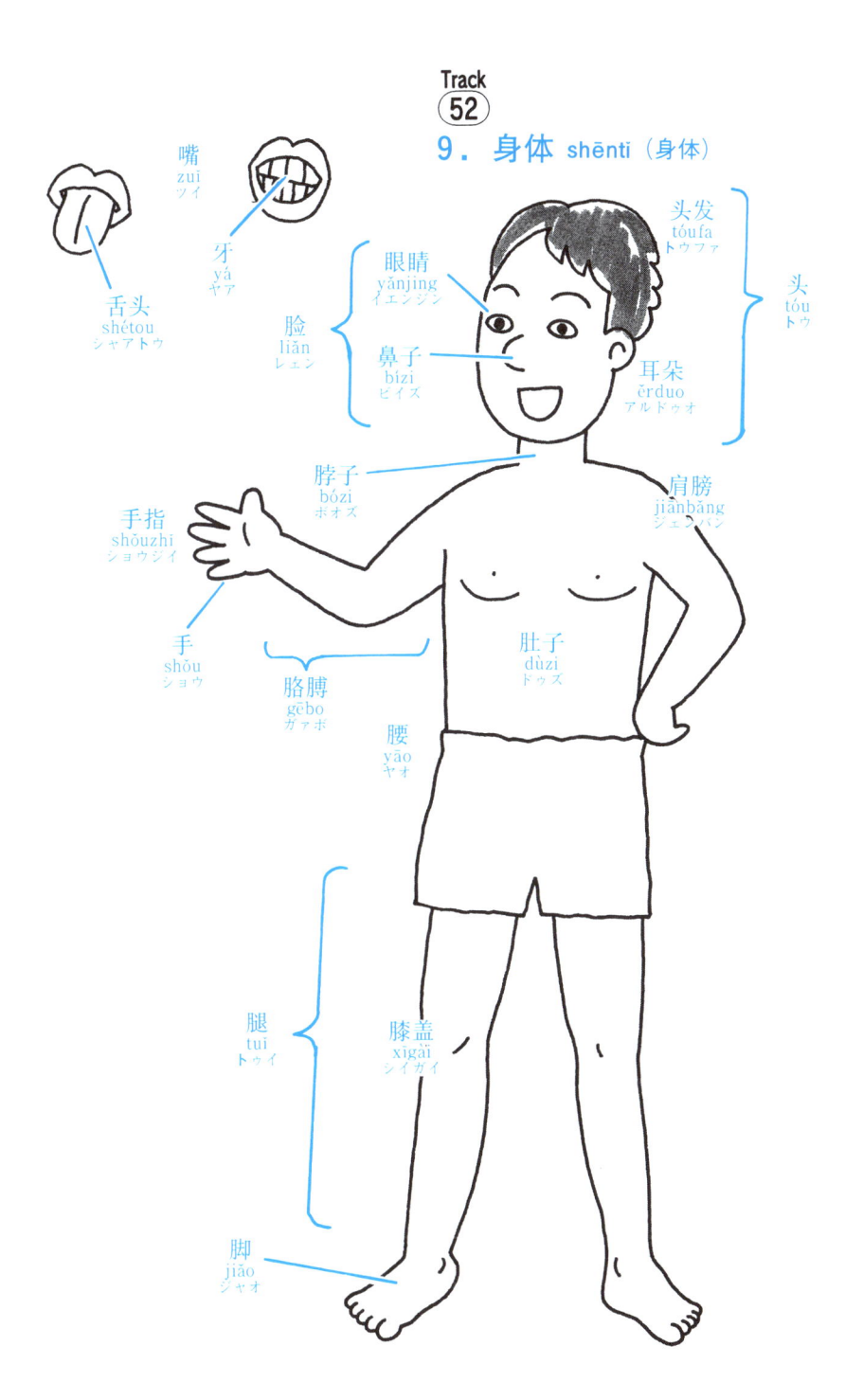

- 嘴 zuǐ ツイ
- 牙 yá ヤア
- 舌头 shétou シャアトゥ
- 眼睛 yǎnjing イエンジン
- 鼻子 bízi ビイズ
- 脸 liǎn レェン
- 头发 tóufa トウファ
- 耳朵 ěrduo アルドゥオ
- 头 tóu トウ
- 脖子 bózi ボオズ
- 肩膀 jiānbǎng ジェンバン
- 手指 shǒuzhǐ ショウジイ
- 手 shǒu ショウ
- 胳膊 gēbo ガァボ
- 肚子 dùzi ドゥズ
- 腰 yāo ヤオ
- 腿 tuǐ トゥイ
- 膝盖 xīgài シイガイ
- 脚 jiǎo ジャオ

yìbǎisānshíqī ◆ 137

10. 交通工具 jiāotōng gōngjù（乗り物）

马 mǎ マア

飞机 fēijī フェイジー

汽车 qìchē チィチャー

火车 huǒchē フォチャー

赛车 sàichē サイチャー

公共汽车 gōnggòngqìchē ゴンゴンチィチャー

卡车 kǎchē カァチャー

出租汽车 chūzūqìchē チェウズウチィチャー

小公共汽车 xiǎogōnggòngqìchē シャオゴンゴンチィチャー

无轨电车 wúguǐdiànchē ウーグイデェンチャー（トロリーバス）

自行车 zìxíngchē ヅウシンチャー

摩托车 mótuōchē モオトゥオチャー

地铁 dìtiě ディティエ

船 chuán チュアン

138 ◆ yìbǎisānshíbā

◆単語リスト◆

A

阿	ā	(方言)～ちゃん
啊	ā	①あっ・わっ②(語気助詞)
癌	ái	癌
爱	ài	愛する
哎呀	āiya	あーあ
爱滋病	àizībìng	エイズ
按	àn	押す
安排	ānpái	手配する

B

八	bā	8
把	bǎ	①～を(介詞)②(量詞 柄や取っ手のあるものを数える)
吧	ba	～でしょう(語気助詞)
爸爸	bàba	お父さん
白	bái	白い
百	bǎi	百
百货商店	bǎihuòshāngdiàn	デパート
半	bàn	半
办	bàn	する・やる
半天	bàntiān	半日・長い時間
帮	bāng	手伝う
棒	bàng	棒
包	bāo	包む
饱	bǎo	おなかがいっぱいになる
报纸	bàozhǐ	新聞
杯	bēi	杯
北边	běibian	北
北京	Běijīng	北京
北京烤鸭	běijīngkǎoyā	ペキンダック
北面	běimian	北
悲伤	bēishāng	悲しい
本	běn	(量詞 本や雑誌を数える)
比	bǐ	～より(介詞)
笔	bǐ	ペン
比如	bǐrú	例えば
避邪	bìxié	魔よけ
毕业生	bìyèshēng	卒業生
鼻子	bízi	鼻
遍	biàn	～回
边～边…	biān～biān…	～しながら…する
表示	biǎoshì	表す
表扬	biǎoyáng	ほめる
别	bié	～するな
宾馆	bīnguǎn	ホテル
冰箱	bīngxiāng	冷蔵庫
冰	bīng	氷
病	bìng	病気になる
并	bìng	あわせて
玻璃杯	bōlíbēi	コップ
脖子	bózi	首
不	bù	～ではない
不错	búcuò	すばらしい
不但～而且…	búdàn～érqiě…	～ばかりでなく…だ
不对	búduì	ちがいます
不过	búguò	でも～
不好意思	bùhǎoyìsi	恥ずかしい
不是	búshì	いいえ
不同	bùtóng	同じではない
不谢	búxiè	どういたしまして
不要	búyào	いりません
不远万里	bùyuǎnwànlǐ	遠路はるばる

C

菜	cài	料理
菜单	càidān	メニュー
采访	cǎifǎng	インタビュー
参加	cānjiā	参加する
餐巾	cānjīn	ナプキン
餐厅	cāntīng	レストラン
餐桌	cānzhuō	テーブル
草坪	cǎopíng	芝生
厕所	cèsuǒ	トイレ
茶	chá	お茶
差不多	chàbuduō	ほとんど
茶水	cháshuǐ	お茶
叉子	chāzi	フォーク
唱	chàng	歌う
炒饭	chǎofàn	チャーハン
车子	chēzi	車
衬衫	chènshān	ワイシャツ
成功	chénggōng	成功・成功する
成绩	chéngjì	成績
城市	chéngshì	町
成田	Chéngtián	成田(地名)
吃	chī	食べる
迟到	chídào	遅刻する
吃饭	chī fàn	ご飯を食べる
抽屉	chōuti	引き出し
抽烟	chōuyān	たばこを吸う
出	chū	出る
出差	chūchāi	出張
出口	chūkǒu	輸出
出来	chūlai	出て来る
除了～以外	chúle～yǐwài	～を除いては

出去	chūqu	出かける・出て行く		德语	déyǔ	ドイツ語
出色	chūsè	すばらしい		灯	dēng	ライト
厨师	chúshī	コック		等	děng	待つ
出席	chūxí	出席する		等～再…	děng~zài…	～してから…する
出租汽车	chūzūqìchē	タクシー		等等	děngdeng	～などなど
船	chuán	船		地	dì	地
传真	chuánzhēn	ファックス		地板	dìbǎn	床
窗	chuāng	窓		弟弟	dìdi	弟
床	chuáng	ベッド		地方	dìfang	所
窗户	chuānghu	窓		地铁	dìtiě	地下鉄
厨房	chúfáng	台所		地图	dìtú	地図
吹风机	chuīfēngjī	ドライヤー		底下	dǐxià	下
春节	chūnjié	春節		地址	dìzhǐ	住所
春联	chūnlián	旧正月に門や入口に張る赤い紙		点	diǎn	～時
				电话	diànhuà	電話
次	cì	～回・度		电脑	diànnǎo	コンピューター
辞典	cídiǎn	辞典		电视	diànshì	テレビ
从	cóng	～から		电视机	diànshìjī	テレビ(受像機)
聪明	cōngmíng	聡明		电视台	diànshìtái	テレビ局
错	cuò	間違っている・間違い		电梯	diàntī	エレベーター

D

				点儿	diǎnr	ちょっと
打	dǎ	①(電話を)かける②打つ		掉	diào	落ちる
大	dà	大きい		订	dìng	予約する
大概	dàgài	およそ		丢	diū	なくす
打工	dǎgōng	アルバイトする		东边	dōngbian	東
打火机	dǎhuǒjī	ライター		东面	dōngmian	東
大家	dàjiā	みなさん		东西	dōngxi	もの
打搅	dǎjiǎo	お邪魔する		都	dōu	すべて
打破	dǎpò	打ち破る		度	dù	度
打扫	dǎsǎo	掃除する		堵车	dǔchē	車が渋滞する
大声	dàshēng	大きい声		肚子	dùzi	腹
打算	dǎsuàn	～するつもり		对	duì	①そうです②～に・～に対して(介詞)
大厅	dàtīng	ロビー				
大学	dàxué	大学		对不起	duìbuqǐ	ごめんなさい
大学生	dàxuéshēng	大学生		兑换处	duìhuànchù	両替所
大衣	dàyī	オーバー		对于	duìyú	～に対して
带	dài	持つ・携帯する		多	duō	たくさん
代表	dàibiǎo	代表		多少	duōshao	いくつ・いくら・どのくらい
代表团	dàibiǎotuán	代表団				
大夫	dàifu	医者				

E

额	é	額	
恶	è	悪行	
欸	éi	ねえ・ちょっと	
二	èr	2	
耳朵	ěrduo	耳	
儿化	érhuà	巻舌音化	
耳环	ěrhuán	イアリング	
恶心	ěxin	吐き気がする	

担心	dānxīn	心配する	
当	dāng	～になる	
当然	dāngrán	もちろん	
刀	dāo	刀	
到	dào	①～まで②～に達する	
倒掉	dàodiào	捨てる	
道理	dàolǐ	理由	
刀子	dāozi	ナイフ	
的	de	～の	
得	de	～できる(可能補語)	

F

法	fǎ	法

发财	fācái	金持ちになる		工程师	gōngchéngshī	エンジニア
发烧	fāshāo	熱が出る		公共汽车	gōnggòngqìchē	バス
发展	fāzhǎn	発展する		工人	gōngrén	労働者
繁体字	fántǐzì	繁体字		公司	gōngsī	会社
放	fàng	おく		共同	gòngtóng	共同で
方便	fāngbiàn	便利		公务员	gōngwùyuán	公務員
方法	fāngfǎ	方法		恭喜	gōngxǐ	おめでとう
房间	fángjiān	部屋		公寓	gōngyù	アパート
放弃	fàngqì	放棄する		公园	gōngyuán	公園
访问	fǎngwèn	訪問する		工作	gōngzuò	仕事
放像机	fàngxiàngjī	ビデオ		狗	gǒu	犬
房子	fángzi	家		刮胡刀	guāhúdāo	ひげそり
非常	fēicháng	非常に		关	guān	閉じ込める
飞机	fēijī	飛行機		关心	guānxīn	気にかける
飞机场	fēijīchǎng	飛行場		关于	guānyú	〜に関して
肺炎	fèiyán	肺炎		广告	guǎnggào	広告
分	fēn	分(お金の単位)		光临	guānglín	光臨
风俗	fēngsú	風俗		广东话	guǎngdōnghuà	カントン語
付	fù	(お金を)払う		贵	guì	高い
付钱	fùqián	お金を払う		过	guò	①通る・過ぎる②〜したことがある
复印	fùyìn	コピー				
		G		国际电话	guójìdiànhuà	国際電話
嘎嘎	gāgā	大きな笑い声		过来	guòlai	やって来る
干杯	gānbēi	乾杯する		过去	guòqu	向こうへ行く
感到	gǎndào	感じる		国语	guóyǔ	国語(自国語)
感动	gǎndòng	感動する				**H**
感冒	gǎnmào	風邪をひく		哈哈哈	hā hā hā	ははは
感想	gǎnxiǎng	感想		还	hái	まだ
感谢	gǎnxiè	感謝する		咳	hài	ああ
刚	gāng	〜したばかり		还可以	hái kěyǐ	まあまあ
刚〜就…	gāng〜jiù…	〜してすぐ…する		还是	háishì	やっぱり
搞	gǎo	する		孩子	háizi	子ども
高跟儿鞋	gāogēnrxié	ハイヒール		孩子们	háizimen	子どもたち
高楼	gāolóu	ビル		韩国人	Hánguórén	韓国人
告诉	gàosu	教える		好	hǎo	よい
高速公路	gāosùgōnglù	高速道路		号	hào	〜日
高兴	gāoxìng	うれしい		好不容易	hǎoburóngyì	せっかく・やっと
歌	gē	歌		好吃	hǎochī	おいしい
个	ge	個		好好儿	hǎohāor	よく
胳膊	gēbo	腕		豪华	háohuá	豪華
哥哥	gēge	お兄さん		好容易	hǎoróngyì	せっかく・やっと
歌手	gēshǒu	歌手		好像	hǎoxiàng	〜みたいだ
各位	gèwèi	各位		喝	hē	飲む
给	gěi	①あげる②〜に・〜のために(介詞)		喝酒	hē jiǔ	酒を飲む
				合作	hézuò	協力
跟	gēn	〜と・〜といっしょに(介詞)		黑	hēi	黒い・暗い
				嘿嘿	hēihēi	へっへっ(笑い声)
根	gēn	(量詞 細長いものを数える)		很	hěn	とても
				红	hóng	赤い
公安局	gōng'ānjú	警察署		红烧	hóngshāo	しょうゆ煮込み

后	hòu	後ろ・あと
后边	hòubian	後ろ
后面	hòumian	後ろ
护士	hùshi	看護婦
花	huā	使う
化	huà	とける
话	huà	話
画	huà	絵をかく
画家	huàjiā	画家
华语	huáyǔ	中国語（シンガポールで）
坏	huài	壊れる
怀孕	huáiyùn	妊娠する
换	huàn	換える
欢迎	huānyíng	歓迎する
画儿	huàr	絵
回	huí	戻る
会	huì	～できる・～するはずだ
回答	huídá	答える
会话	huìhuà	会話
回来	huílai	もどってくる
回去	huíqu	もどっていく
灰心	huīxīn	がっかりする
会议	huìyì	会議
火车	huǒchē	列車
火车站	huǒchēzhàn	駅
活泼	huópō	活発

J

鸡	jī	にわとり
几	jǐ	いくつ・いくら
几次	jǐcì	何回
几点几分	jǐdiǎnjǐfēn	何時何分
激动	jīdòng	激しく感動する
集合	jíhé	集合する
机会	jīhuì	機会
积极	jījí	積極的
既然～就…	jìrán～jiù…	～した以上…だ
吉祥	jíxiáng	吉祥
几月几号	jǐyuè jǐhào	何月何日
记者	jìzhě	記者
家	jiā	家
假	jiǎ	うそ
加班	jiābān	残業する
加深	jiāshēn	深める
家庭主妇	jiātíngzhǔfù	家庭の主婦
加油	jiāyóu	がんばる
见	jiàn	会う
件	jiàn	（量詞 事件など）
肩膀	jiānbǎng	肩
剪刀	jiǎndāo	はさみ
减肥中心	jiǎnféizhōngxīn	エステティックサロン
建国门	Jiànguómén	建国門
健康	jiànkāng	健康
践踏	jiàntà	踏む
简体字	jiǎntǐzì	簡体字
剪子	jiǎnzi	はさみ
奖	jiǎng	賞・宝くじ
浆糊	jiànghú	のり
将来	jiānglái	将来
交	jiāo	わたす
教	jiāo	教える
脚	jiǎo	足
叫	jiào	①～という②～させる
交流	jiāoliú	交流する
教室	jiàoshì	教室
交通工具	jiāotōng gōngjù	乗り物
饺子	jiǎozi	餃子
接	jiē	つなぐ
借	jiè	借りる
接待处	jiēdàichù	レセプション
姐姐	jiějie	お姉さん
戒酒	jiè jiǔ	禁酒する
结帐	jiézhàng	お勘定をする
结帐处	jiézhàngchù	チェックアウトデスク
戒指	jièzhi	指輪
谨	jǐn	謹んで
进	jìn	入る
进来	jìnlai	入って来る
今年	jīnnián	今年
进去	jìnqu	入って行く
今天	jīntiān	今日
进一步	jìnyíbù	さらに
警察	jǐngchá	警察官
经理	jīnglǐ	社長
精神	jīngshen	元気
精通	jīngtōng	精通している
镜子	jìngzi	鏡
九	jiǔ	9
酒	jiǔ	酒
就	jiù	すぐに
就是	jiùshì	つまり
局	jú	局
举	jǔ	挙げる
举杯	jǔbēi	杯を挙げる
举行	jǔxíng	挙行する
觉得	juéde	～と思う
军人	jūnrén	軍人

K

| 卡车 | kǎchē | トラック |

咖啡	kāfēi	コーヒー		里	lī	中
卡拉OK	kǎlāOK	カラオケ		李	Lǐ	李(姓)
开	kāi	開ける・開く		里边	lǐbian	中
开阔	kāikuò	開く		里面	lǐmian	中
开来	kāilai	ひろがる		礼品	lǐpǐn	お土産
开朗	kāilǎng	ほがらか		礼物	lǐwù	プレゼント
开始	kāishǐ	始める・始まる		鲤鱼	lǐyú	鯉
看	kàn	見る		脸	liǎn	顔
看不见	kànbujiàn	見ることができない		练习	liànxí	練習する
看得见	kàndejiàn	見ることができる		连续	liánxù	連続する
看法	kànfǎ	見方		连衣裙	liányīqún	ワンピース
看见	kànjiàn	見る		两	liǎng	2
看一看	kànyikàn	ちょっと見る		亮	liàng	明るい
考	kǎo	合格する		两旁	liǎngpáng	両側
科	kē	科・課		林	Lín	林(姓)
克	kè	グラム		邻居	línjū	近所の人
可爱	kě'ài	かわいい		零	líng	0
可不可以~	kěbukěyǐ	~してもいいですか		领带	lǐngdài	ネクタイ
客房	kèfáng	客室		刘	Liú	劉(姓)
刻苦	kèkǔ	苦労する		流	liú	流れる
可能	kěnéng	たぶん		六	liù	6
可是	kěshì	しかし		流出	liúchū	流れ出る
咳嗽	késou	せきがでる		留学	liúxué	留学する
客厅	kètīng	客間		留学生	liúxuéshēng	留学生
科学	kēxué	科学		楼	lóu	階
可以	kěyǐ	わかりました・できます		路	lù	道
空房间	kōng fángjiān	空いている部屋		旅行	lǚxíng	旅行する
恐怕	kǒngpà	おそらく（よくない結果）		论文	lùnwén	論文
空调	kōngtiáo	エアコン				**M**
空儿	kòngr	ひま		吗	ma	~ですか(語気助詞)
口红	kǒuhóng	口紅		麻	má	あさ
哭	kū	泣く		马	mǎ	馬
块	kuài	元(お金の単位)		骂	mà	罵る
快	kuài	速い・すぐ		麻烦	máfan	面倒をかける
快乐	kuàilè	愉快である		马路	mǎlù	道路
快要~了	kuàiyào~le	もうすぐ~だ		妈妈	māma	お母さん・ママ
筷子	kuàizi	お箸		马上	mǎshàng	すぐに
		L		马桶	mǎtǒng	便器
垃圾	lājī	ごみ		买	mǎi	買う
来	lái	来る・する		馒头	mántou	マントウ
来宾	láibīn	来賓		忙	máng	忙しい
老板	lǎobǎn	社長		猫	māo	猫
姥姥	lǎolao	(母方の)おばあさん		毛	máo	毛(お金の単位)
老师	lǎoshī	先生		毛病	máobìng	故障
老实	lǎoshi	おとなしい		毛巾	máojīn	タオル
老爷	lǎoye	(母方の)おじいさん		帽子	màozi	帽子
乐	lè	楽しい		没	méi	しなかった
了	le	(助詞)		没关系	méi guānxi	だいじょうぶです
累	lèi	疲れる		美国	Měiguó	アメリカ
泪	lèi	涙		美国人	Měiguórén	アメリカ人

妹妹	mèimei	妹		你们	nǐmen	あなたたち
没问题	méi wèntí	だいじょうぶ		你们好	nǐmen hǎo	みなさんこんにちは
没有	méiyǒu	ありません		念	niàn	読む
没(有)意思	méi (yǒu) yìsi	おもしろくない		年轻	niánqīng	若い
门	mén	門		鸟	niǎo	鳥
米饭	mǐfàn	ご飯		您	nín	あなた様
秘书	mìshū	秘書		牛仔裤	niúzǎikù	ジーンズ
腼腆	miǎntian	はにかみや		农民	nóngmín	農民
面条	miàntiáo	メン		女孩子	nǚháizi	女の子
庙	miào	廟		努力	nǔlì	努力する
明白	míngbai	わかる		女士	nǚshì	女史

O

喔	ò	おお

明年	míngnián	来年				
明天	míngtiān	明日				

P

明天见	míngtiān jiàn	また明日会いましょう		牌	pái	ブランド
明星	míngxīng	スター		盘子	pánzi	お皿
名字	míngzi	名前		胖	pàng	ふとる・ふとっている
摸	mō	なでる		旁边	pángbiān	そば
摩托车	mótuōchē	バイク		跑	pǎo	走る
牡丹	mǔdān	ぼたん		朋友	péngyǒu	友達
墓地	mùdì	墓地		皮	pí	皮

N

				皮带	pídài	ベルト
拿	ná	持つ		屁股	pìgu	しり
那	nà	①それ②それでは		啤酒	píjiǔ	ビール
哪里	nǎli	①どこ②どういたしまして		皮鞋	píxié	革靴
那里	nàli	そこ		便宜	piányì	安い
那么	nàme	そんなに		票	piào	きっぷ
哪位	nǎwèi	どちら様		漂亮	piàoliang	きれい
那样	nàyàng	そんな		拼音	pīnyīn	ピンイン
奶奶	nǎinai	(父方の)おばあさん		平安	píng'ān	無事
难	nán	難しい		苹果	píngguǒ	りんご
南边	nánbian	南		平时	píngshí	普段
南面	nánmian	南		破坏	pòhuài	破壊する
男朋友	nánpéngyǒu	ボーイフレンド		普通话	pǔtōnghuà	標準語

Q

哪儿	nǎr	どこ		七	qī	7
那儿	nàr	そこ		起	qǐ	起きる
呢	ne	(語気助詞)		汽车	qìchē	車
哪个	něige	どれ		起床	qǐchuáng	起床する
那个	nèige	それ		气功	qìgōng	気功
内向	nèixiàng	内向的		起来	qǐlai	起き上がる
内衣	nèiyī	下着		亲爱	qīn'ài	親愛なる
能	néng	〜できる・〜してもよい		千	qiān	千
能不能〜?	néngbunéng	〜してもらえませんか		钱	qián	お金
				钱包	qiánbāo	財布
能干	nénggàn	仕事がよくできる		铅笔	qiānbǐ	鉛筆
能力	nénglì	能力		前边	qiánbiān	前
你	nǐ	あなた		千里迢迢	qiānlǐtiáotiáo	千里はるばる
你好	nǐ hǎo	こんにちは		前面	qiánmian	前
你看	nǐkàn	みて!		巧	qiǎo	ちょうどうまい具合に

勤奋	qínfèn	勤勉		上个月	shànggeyuè	先月
亲眼	qínyǎn	自分の目で		上海	Shànghǎi	上海
请	qǐng	どうぞ		上来	shànglai	上がって来る
清楚	qīngchu	はっきり		上面	shàngmian	上・表面
青岛	Qīngdǎo	チンタオ(地名)		上去	shàngqu	上がって行く
请客	qǐngkè	招待する・おごる		上司	shàngsi	上司
青年	qīngnián	青年		上午	shàngwǔ	午前
请问	qǐng wèn	ちょっとおたずねします		商务中心	shāngwùzhōngxīn	ビジネスセンター
清蒸	qīngzhēng	あっさりと蒸す		伤心	shāngxīn	傷つく
球	qiú	球		稍	shāo	ちょっと
取	qǔ	取る		稍微	shāowēi	ちょっと
去	qù	行く		勺子	sháozi	スプーン
去年	qùnián	去年		社会	shèhuì	社会
全体	quántǐ	全体		舌头	shétou	舌
却	què	〜のに		摄像	shèxiàng	ビデオをとる
裙子	qúnzi	スカート		什么	shénme	何
R				什么样	shénmeyàng	どんな
然后	ránhòu	それから		身体	shēntǐ	身体
让	ràng	〜させる		生病	shēngbìng	病気になる
热	rè	あつい		盛大	shèngdà	盛大
热烈	rèliè	熱烈に		声调	shēngdiào	声調
热闹	rènao	にぎやか		生活	shēnghuó	生活
热情	rèqíng	親切な		生气	shēngqì	怒る
热水	rèshuǐ	お湯		深切	shēnqiè	深く，心のこもった
人	rén	人		盛情款待	shèngqíngkuǎndài	心のこもったもてなし
认识	rènshi	知っている		生日	shēngrì	誕生日
认为	rènwéi	〜と思う		十	shí	10
认真	rènzhēn	まじめ		使	shǐ	〜させる
日本	Rìběn	日本		事	shì	事
日本菜	rìběncài	日本料理		是	shì	①はい②〜である
日本人	Rìběnrén	日本人		试	shì	試す
日益	rìyì	日に日に		是不是〜?	shìbushì	〜ですか．〜じゃない?
日用品	rìyòngpǐn	日用品		是的	shìde	そうです
日语	Rìyǔ	日本語		师傅	shīfu	〜さん(運転手・コックさんなど)
荣幸	róngxìng	光栄		时候	shíhou	頃
如此	rúcǐ	このように		时间	shíjiān	時間
如果〜(的话)就…	rúguǒ〜(dehuà)jiù…	もし〜ならば…だ		时髦	shímáo	おしゃれ
S				试试	shìshi	試してみる
赛车	sàichē	スポーツカー		失望	shīwàng	失望する
三	sān	3		视野	shìyě	視野
伞	sǎn	かさ		食欲	shíyù	食欲
三国演义	Sānguóyǎnyì	三国演義		时装	shízhuāng	ファッション
森林	sēnlín	森林		时装表演	shízhuāngbiǎoyǎn	ファッションショー
沙发	shāfā	ソファー		十字路口	shízìlùkǒu	十字路
山	shān	山		事儿	shìr	用
上	shàng	上がる				
上边	shàngbian	上				
上次	shàngcì	前回				
上个星期	shànggexīngqī	先週				

首	shǒu	代表・リーダー		特色	tèsè	特色
手	shǒu	手		疼	téng	痛い
瘦	shòu	やせる・やせている		体	tī	体
手表	shǒubiǎo	腕時計		体贴	tītiē	思いやりのある
受伤	shòushāng	けがをする		体验	tīyàn	体験する
收拾	shōushi	かたづける		天津	Tiānjīn	天津
手提包	shōutíbāo	ハンドバッグ		天气	tiānqì	天気
首先	shǒuxiān	まず		天下	tiānxià	世界
手续	shǒuxù	手続き		天真烂漫	tiānzhēnlànmàn	天真爛漫
手艺	shǒuyì	腕前		田中	Tiánzhōng	田中(姓)
手指	shǒuzhǐ	指		条	tiáo	(量詞　細長いものを数える)
书	shū	本				
数	shù	かず		跳舞	tiàowǔ	踊る
书房	shūfáng	書斎		贴	tiē	貼る
舒服	shūfu	気持ちがいい		听	tīng	聞く
熟练	shúliàn	熟練している		挺	tīng	とても
梳子	shūzi	くし		听不懂	tīngbudǒng	きいてわからない
双胞胎	shuāngbāotāi	双子		听说	tīngshuō	〜だそうだ
双方	shuāngfāng	双方		通讯社	tōngxùnshè	通信社
谁	shuí(shéi)	だれ		同意	tóngyì	同意する
水	shuǐ	水		偷	tōu	盗む
睡	shuì	寝る		头	tóu	頭
睡觉	shuìjiào	寝る		头发	tóufa	髪の毛
顺风	shùnfēng	順風		头晕	tóuyūn	頭がくらくらする
说	shuō	話す・言う		团员	tuányuán	団員
说话	shuōhuà	話をする		腿	tuǐ	足(すね・ひざ・もも)
死	sǐ	死・死ぬ		退休干部	tuìxiūgànbu	退職した幹部
四	sì	4			**W**	
似	sì	似る		袜子	wàzi	靴下
司机	sījī	運転手		外边	wàibian	外
四声	sìshēng	四声		外面	wàimian	外
算帐	suànzhàng	お勘定をする		外向	wàixiàng	外向的
岁	suì	〜歳		完	wán	終わる
虽然〜但是…	suīrán〜dànshì…〜だけれども…だ			晚	wǎn	晩
				万	wàn	万
	T			晚饭	wǎnfàn	晩ごはん
他	tā	彼		万里长城	Wànlǐchángchéng	万里の長城
她	tā	彼女		晚上	wǎnshang	晩
它	tā	それ(人間以外の事物について)		王	Wáng	王(姓)
				忘	wàng	忘れる
他们	tāmen	彼ら		玩儿	wánr	遊ぶ
她们	tāmen	彼女ら		喂	wéi	ねえ・もしもし
它们	tāmen	それら		胃	wèi	胃
太〜了	tài〜le	とても〜ですね		为	wèi	〜のために
谈	tán	話す		味道	wèidao	味
谈一谈	tányitán	ちょっと話す		为了	wèile	〜のために
汤	tāng	スープ		卫生纸	wèishēngzhǐ	トイレットペーパー
趟	tàng	(往復する動作の)回数		为什么	wèishénme	なぜ
糖醋	tángcù	砂糖と酢で調理する		问	wèn	問う
淘气	táoqì	いらずら好き		温柔	wēnróu	やさしい

问悸	wèntí	問題
我	wǒ	わたし
我看	wǒ kàn	私が見るところでは
我来~	wǒ lái	わたしが~しましょう
我们	wǒmen	わたしたち
卧室	wòshì	寝室
无	wú	ない
五	wǔ	5
无轨电车	wúguǐdiànchē	トロリーバス
舞会	wǔhuì	ダンスパーティー
屋子	wūzi	家

X

洗	xǐ	洗う
西安	Xī'ān	西安
西边	xībian	西
西服	xīfú	背広
膝盖	xīgài	ひざ
习惯	xíguàn	習慣
喜欢	xǐhuan	好き
洗脸间	xǐliǎnjiān	洗面所
西面	xīmian	西
洗手间	xǐshǒujiān	お手洗い
嘻嘻	xīxī	にこにこ笑う
洗衣机	xǐyījī	洗濯機
喜悦	xǐyuè	喜び
洗澡间	xǐzǎojiān	バスルーム
虾	xiā	エビ
下	xià	下りる・下がる
下边	xiàbian	下
下次	xiàcì	今度・次回
下个星期	xiàgexīngqī	来週
下个月	xiàgeyuè	来月
下来	xiàlai	下りて来る
下面	xiàmian	下
下去	xiàqu	下りて行く
下午	xiàwǔ	午後
下雨	xià yǔ	雨が降る
先	xiān	先に
线	xiàn	線
先生	xiānsheng	~さん(男性に)
现在	xiànzài	現在
香	xiāng	よいにおいがする
想	xiǎng	~したい
向	xiàng	~に対して
香波	xiāngbō	シャンプー
想不起来	xiǎngbuqǐlái	思い出すことができない
想得起来	xiǎngdeqǐlái	思い出すことができる
项链	xiàngliàn	ネックレス

香烟	xiāngyān	たばこ
香皂	xiāngzào	石けん
小	xiǎo	~ちゃん
笑	xiào	笑う
小公共汽车	xiǎogōnggòngqìchē	ミニバス
效果	xiàoguǒ	効果・結果
小姐	xiǎojiě	①~さん(若い女性に)② お姉さん
小时	xiǎoshí	(所要)時間
写	xiě	書く
谢	Xiè	謝(姓)
泄气	xièqì	気を落とす
谢谢	xièxie	ありがとう
谢意	xièyì	感謝の意
鑫	xīn	富み栄える
信封	xìnfēng	封筒
信号灯	xìnhàodēng	信号
新华社	Xīnhuáshè	新華社(中国の通信社)
新加坡	Xīnjiāpō	シンガポール
辛苦	xīnkǔ	苦労する
新来的	xīnláide	新しく来る
新年	xīnnián	新年
新学期	xīnxuéqī	新学期
行	xíng	わかりました・いいです
兴奋	xīngfèn	興奮する
幸福	xìngfú	幸福
性格	xìnggé	性格
行李	xíngli	荷物
行李员	xíngliyuán	ポーター
星期二	xīngqī'èr	火曜日
星期六	xīngqīliù	土曜日
星期日	xīngqīrì	日曜日
星期三	xīngqīsān	水曜日
星期四	xīngqīsì	木曜日
星期天	xīngqītiān	日曜日
星期五	xīngqīwǔ	金曜日
星期一	xīngqīyī	月曜日
星星	xīngxing	星
修理	xiūlǐ	修理する
休息	xiūxi	休む
许	xǔ	許す
许多	xǔduō	多い
选举	xuǎnjǔ	選挙
学	xué	学ぶ
血	xuě	血
学生	xuésheng	学生
学问	xuéwèn	学問
学习	xuéxí	学習する
学者	xuézhě	学者

Y

呀	ya	(語気助詞)
牙	yá	歯
牙膏	yágāo	歯みがき
牙签	yáqiān	つまようじ
牙刷	yáshuā	歯ブラシ
宴会	yànhuì	宴会
烟灰缸	yānhuīgāng	灰皿
眼睛	yǎnjing	目
颜色	yánsè	色
演员	yǎnyuán	俳優
一	yāo	(三桁以上の場合の数字1の読み方)
腰	yāo	腰
要	yào	①いる②〜したい・〜する必要がある(助動詞)③もうすぐ〜する
药	yào	薬
要不要〜？	yàobuyào	〜はいりますか(反復疑問文)
钥匙	yàoshi	鍵
要是〜(的话)就…	yàoshi〜(dehuà) jiù…	もし〜ならば…だ
也	yě	〜も
也许	yěxǔ	〜かもしれない
爷爷	yéye	(父方の)おじいさん
一	yī	1
亿	yì	億
以〜为…	yǐ〜wéi…	〜を…とする
一半儿	yíbànr	半分
一边〜一边…	yìbiān〜yìbiān…	〜しながら…する
一定	yídìng	必ず
一定会〜的	yídìng huì〜de	きっと〜するはずです
衣服	yīfu	衣服
一个，一个	yíge〜, yíge…	一つは〜で，もう一つは…
一个星期	yígexīngqī	一週間
一个月	yígeyuè	一か月
一共	yígòng	全部で
遗憾	yíhàn	残念だ
以后	yǐhòu	以後
一会儿	yìhuǐr	後で
一会儿见	yìhuǐr jiàn	また後で会いましょう
意见	yìjiàn	意見
已经	yǐjīng	もう
一路	yílù	道中
一模一样	yìmúyíyàng	瓜二つ
一起	yìqǐ	いっしょに
以前	yǐqián	以前
医生	yīshēng	医者
一天	yìtiān	一日
以为	yǐwéi	〜と思う
一下	yíxià	ちょっと
一些	yìxiē	少し
一样	yíyàng	同じ
医院	yīyuàn	病院
椅子	yǐzi	椅子
应该	yīnggāi	〜すべきだ
银行	yínháng	銀行
因为〜所以…	yīnwèi〜suǒyǐ…	〜なのでそれで…だ
隐形眼镜	yǐnxíngyǎnjìng	コンタクトレンズ
音乐	yīnyuè	音楽
英语	yīngyǔ	英語
哟	yo	(語気助詞)
用	yòng	①使う②〜で(介詞)
有	yǒu	あります
又	yòu	また
右边	yòubiān	右・右側
邮局	yóujú	郵便局
游乐园	yóulèyuán	遊園地
有没有〜？	yǒumeiyǒu	〜はありますか(反復疑問文)
右面	yòumian	右
邮票	yóupiào	切手
优秀	yōuxiù	優秀
友谊	yǒuyì	友誼
有意思	yǒuyìsi	おもしろい
游泳	yóuyǒng	泳ぐ
游泳池	yóuyǒngchí	プール
由衷	yóuzhōng	心から
有〜吗？	yǒu〜ma?	〜はありますか
又〜又…	yòu〜yòu…	〜だし，また…
鱼	yú	魚
愉快	yúkuài	愉快
元	yuán	元(お金の単位)
圆满	yuánmǎn	円満
愿意	yuànyi	願って〜する
月	yuè	月
约会	yuēhuì	約束
越〜越…	yuè〜yuè…	〜すればするほど…だ
运动鞋	yùndòngxié	運動靴
允许	yǔnxǔ	許す

Z

杂志	zázhì	雑誌
在	zài	①〜にある・いる②〜で・〜に(介詞)③〜して

		いる
再	zài	もう一度
在百忙之中	zàibǎimáng zhīzhōng	ご多忙の中
再见	zàijiàn	さようなら
咱们	zánmen	わたしたち
早	zǎo	早い
早点儿	zǎodiǎnr	早く
糟糕	zāogāo	しまった
早上	zǎoshang	朝
怎么	zěnme	どう・どうやって・なぜ
怎么了？	zěnme le	どうしました
怎么样	zěnmeyàng	どう・どのように・どのような
怎样	zěnyàng	どう・どのように・どのような
增长	zēngzhǎng	増やす
占线	zhànxiàn	(電話が)話し中
张	zhāng	①(量詞 平たいものを数える)②張(姓)
找	zhǎo	さがす
找到	zhǎodào	さがしあてる
着急	zháojí	あわてる
着	zhe	～している
这	zhè	これ
这次	zhècì	今度
这么	zhème	こんなに
这样	zhèyàng	このような・こんな
这个	zhèige	これ
这个星期	zhèigexīngqī	今週
这个月	zhèigeyuè	今月
真	zhēn	本当に
整	zhěng	ちょうど
正(在)	zhèng (zài)	ちょうど～しているところ
政治	zhèngzhì	政治
这儿	zhèr	ここ
这里	zhèli	ここ
只	zhī	匹
治	zhì	なおす
纸	zhǐ	紙
指	zhǐ	指
知道	zhīdào	知っている・わかる
指教	zhǐjiào	教え導く
知识	shīshi	知識
只要～就…	zhǐyào~jiù…	～しさえすれば…だ
职业	zhíyè	職業
只有～才…	zhǐyǒu~cái…	～してはじめて…だ
钟	zhōng	(時間をあらわす)
中	zhōng	①中②当たる
重	zhòng	重い
中国菜	zhōngguócài	中華料理
中国人	Zhōngguórén	中国人
中文	zhōngwén	中国語
中午	zhōngwǔ	正午
中心	zhōngxīn	センター
衷心	zhōngxīn	心から
猪	zhū	ブタ
祝	zhù	①祝う②祈る・願う
主人	zhǔrén	主人
祝贺	zhùhè	祝う
注意	zhùyì	注意する
转告	zhuǎn'gào	伝言する
桌子	zhuōzi	机
字	zì	字
字典	zìdiǎn	字典
自己	zìjǐ	自分で
自行车	zìxíngchē	自転車
子子孙孙	zǐzǐsūnsūn	子々孫々
走	zǒu	行く・帰る
嘴	zuǐ	口
最好	zuìhǎo	～したほうがよい
最后	zuìhòu	最後
最近	zuìjìn	最近
尊敬	zūnjìng	尊敬する
座	zuò	(量詞 どっしりと動かないものを数える)
坐	zuò	座る
做	zuò	作る
左边	zuǒbian	左
做法	zuòfǎ	作り方
作家	zuòjiā	作家
左面	zuǒmian	左
昨天	zuótiān	昨日